古老商學院

【古老商學院】

投資職場大未來

莫忘初發心,做自己今生的貴人

許汝紘暨編輯企劃小組——著

ANCIENT BUSINESS SCHOOL

【出版序】

因為古老，所以美好

——在經典文學中借鑒先賢的品德智慧

中國文學博大精深、浩瀚無邊，無論說理、敘情都蘊含深意。我經常覺得，能看得懂文言文的現代人真的好有福氣，除了能在字裡行間覺察作者的深意、想像文學的美好、探索其中的映象之外，也能毫無障礙地和偉大的文學家們交心、溝通，知古鑑今、學習知識、發現真理。

《越古老越美好》系列叢書，是從《四庫全書》與《筆記小說大觀》中取材、編寫、評述而成的。分別歸類整理成七大主題，編輯成書。每一個主題都在對應當代社會在極速躍進與科技不斷翻新之下，人們心靈的空虛與品德遺失等課題。每一則精選出來的故事均寓意深遠，且極富趣味。

對照今日社會百態，即便是過去大家都能嚴守分際的人情世故、待人接物、應對教養、品德教育等簡單的生活倫理，都在人人撻伐道德淪喪聲中，被忽視殆盡。而這些美好的品德教養卻在經典中，處處可見，隨手可得。

我認為，文學的魅力不應該受限於時代、語言、國界的束縛，而文體的表達方式，也不應該只能有一種詮釋方法。中國許多優美的經典文學作品，更不應該受限於文言文的隔閡，而讓今天的讀者望而生畏。浩瀚精彩、博大精深的中國文學作品，如果能找到更多元的入門通道，那麼成千上萬冊精彩的創作，將會是人人都喜歡的最佳讀物。

從經典中攫取生活智慧是《越古老越美好》系列叢書的編輯方針，希望讀者能在輕鬆閱讀中，看懂古人的文章內涵與深刻的寓意，領略其思想脈絡，借鑒其中的智慧，落實在現在的生活當中，借鑑學習、延伸應用。

高談文化出版集團 總編輯／許汝紘

【目錄】

第二課

放掉部分的執著 35

第三課

正直就是最大的靠山 77

第四課

感恩之人最富足 131

第五課

善良溫厚是種選擇

173

第一課
從寬心做起

療疑病／心病還須心藥醫

元頏博士話：唐時中表間有一婦人，從夫南中徐官，曾誤食一蟲，常疑之，由是成疾，頻療不愈。京城醫者忘其姓名，知其所患，乃請主人姨嬭中謹密者一人，預戒之曰：「今以藥吐瀉，但以盤盂盛之。當吐之時，但言有一小蝦蟆走去，然切勿令娘子知是誑語也。」其嬭僕遵之，此疾永除。

——宋、孫光憲《北夢瑣言》

好好解釋

元頏 人名，事不詳。

博士 秦置，漢後相沿，為專精一藝之職官。

中表 親戚關係，凡父親之姐妹或母親之兄弟姐妹，他們的子女與自己屬中表親。蓋後者之子為內兄弟，內即中；前者之子為外兄弟，外即表；合二者，統稱中表。

南中 泛指南方地區。

姨嬭 嬭俗作奶，姨嬭在此指奶媽輩的僕婦。

教你看懂

元頏博士曾說過這麼一個故事——在唐朝時，他（先人）的中表親戚內有一名婦人，跟隨著做官的丈夫去到南方，某次因誤食了一隻蟲子，之後便心生疑慮，於是生起病來，怎麼都醫不好。這時京城有一個醫生，只是忘記了他的姓名，在知道了此事的原委之後，便來替這名婦人治病，他先從主人的僕婦中挑選了一個能謹言守密的人，並預先告誡她說：「我會讓你家女主人吃些上吐下瀉的藥，你用盤盂來承接，在她嘔吐時，你就說曾經看到一隻蝦蟆吐出來逃走了，但千萬別讓她知道這是我們在矇騙她。」這個僕婦照著醫生交待的話去做，結果該婦人所患的病，從此就被根除了。

你要明白

俗語所說的「疑神疑鬼」，在若干方面與所謂的「患得患失」，有著許多相似之處，兩者皆為世人對某事物因過度掛念或憂慮，而呈現的一種心理活動。這種情形，幾可斷言每個人都曾經有過，日常生活的經驗告訴我們，此一現象必將永久持續下去，唯一「未必然」的是，其所患的輕重不同，影響因人而異罷了。

但因為心理會影響生理，故我們常聽說有些人，老是懷疑自己渾身是病，整天求醫、吃藥、打針，到頭來，還真使原本無病的身軀，經不起再三的折騰，果然出現了病痛。難怪有人說，我們是一個「喜歡吃藥」的社會，即便不是危言聳聽，但「過度使用藥物」由來已久，因為健保局等醫療單位的統計數字，可以佐證。

這個故事，可說是上述情形中的典型；但有趣並值得我們借鑑之處，則是「心病還須心藥醫」這句話。事實上，誤食了一隻蟲子的婦人，怎麼樣也不可能在久經時日之後，竟然還會嘔吐出一隻蝦蟆來！但由於「疑心」的去除，彷彿是「對症」下了藥，這種事的可信度當然很高，而那名醫者，自也是心理學中的高手。

雖然這裡是談醫病的事，但其相關聯的道理，其應用之處及運用之妙，絕非僅此而已！所謂「攻心為上」，軍事學中已有此名言，常言道商場如戰場（情場亦然），其中情形又何嘗不是如此？

梅詢書詔／快樂是什麼

梅詢為翰林學識，一日書詔頗多，屬思甚苦，操觚循堵而行。忽見一老卒臥於日中，欠伸甚適，梅忽嘆曰：「暢哉！」徐問之曰：「汝識字呼？」曰：「不識字。」梅約：「更快活也。」

——宋、沈括《夢溪筆談》

好好解釋

梅詢 宋代宣城人，字昌言，進士及第，真宗朝歷官三司戶部判官等職，後以侍讀學士出知許州卒。

翰林 皇帝的文牘侍從官。

書詔 猶言撰寫詔書。

屬思 構思之處。

操觚 這裡用本義「執簡」。

堦 與階同。

欠伸 疲乏貌，志倦則欠，體倦則伸；亦作欠申。

教你看懂

梅詢在做翰林學士的期間，有一天正為朝廷撰寫詔書等工作時，由於文件很多，而構思又很辛苦，所以他手中拿著文稿，一邊沿著石階踱步，一邊思索如何行文。忽然之間，他看到一個躺在太陽下的老兵，正在伸著懶腰、打著呵欠，顯露出一付甚為舒適的模樣，梅詢於是嘆說：「真是舒暢呀！」隨後便問老兵說：「你認識字嗎？」老兵回答他：「不識字。」梅詢接口說：「那就更快活了。」

你要明白

有一則小故事是這麼說的：一個小男孩去請教某位老農夫，要求老農夫教他如何做才能得到快樂，老農夫二話不說，就在大太陽下，帶著該男孩到稻田中工作了老半天，然後兩人一同來到樹蔭下休息，休息時老農夫問起小男孩當下的感覺，至此他才明瞭到快樂的意義。

顯然，這個故事深具意義，因為他所展示的方式淺顯而又直接，絲毫沒有談玄說教的味道。事實上，所謂「饑者思食，渴者思飲」與「志倦則欠，體倦則伸」，這原本就是人體生理上的自然反應，只要能滿足了「生（命之）理」上的本然要求，人生大致上來說就是健康的。

只不過，除了生理方面之外，人們尚有「心理」上的追求，諸如愛慕虛榮與盲目崇拜等，但肇因於「人心惟危」之弊，倘若一旦不慎，則盲目追求與一味跟風的結果，其所造成的個人災難與社會損失，往往不堪設想。舉兩個最簡單的例子來說，「飆車」與「嗑藥」是近年來不良青少年所造成的嚴重社會問題，難道說所有其他運動都不比飆車更好？難道說「快樂丸」吃了後果真會得到快樂嗎？其實，他們所追求的不是「生理要求」而是「心理刺激」，於所得到的並非「自然滿足」，而是「病態斲喪」。

梅詢口中的「暢哉」之嘆，也無非是對那位老兵因獲得生理上的滿足所發生的稱羨。這是因為他當時正「屬思甚苦」，勞心與勞力，壓力極大，同樣耗費體能與心智，在壓力未得抒解下，才有的思嘆，所謂「勞力不知勞心苦」，講的就是這種情形。

但更有意思而又深具哲理的，則是文末的兩句對白——「不識字」與「更快活也」；在邏輯上將此二者聯繫成因果關係，千萬別將它誤認為是一種「反智」的觀點，我們必須從另一個角度來加以解讀。試想，拿一家大企業的董事長與他屬下的某位基層員工來比較，誰的壓力更大？景氣好時，固然大家都很高興，但景氣不好時，誰又更加不快活？但一個低層員工可以不識字，而董事長斷無不識字的道理。昔日蘇東坡有詩曰「人生識字憂患始」，由此看來，不能說沒有道理，而故事中梅詢的最後那句話，亦當作如是觀。

鬻菜翁／遠離是非，歲月靜好

都門有鬻菜翁，日荷於市，往來某京官寓前，貿易日久，相習忘形，互相談論。翁見某官博取科名，氣象軒昂，有不可一世之概，微問曰：「請問明公貴資料？」曰：「某科。」又問何題？曰：「某題。」曰：「是科題無好文字。」京官怪其妄。翁曰：「非無好文字，主試者，未取好文字。」京官更怪之。翁曰：「小人不知教子，故小子不知衡文。」京官問小子是誰？陰曰：「某某京官。」詳詰籍貫科分，翁歷歷陳之。京官長揖而前曰：「翁竟太老師乎？令嗣即小目生座主也。」大驚訝慚恧，請翁居上座。方肅衣冠禮下之，翁不顧，竟荷菜而去。蓋翁亦予告翰林，其子現出學差，翁居京邸，見宦情險薄，隱而為鬻菜翁云。

——清、鄧文濱《醒睡錄》

好好解釋

都門 都謂京都，即今之首都；都門本指入京都之門，轉喻京都，在此指清朝時的北京。

荷 負也，挑也。

京官 官於京都者之謂。

忘形 朋友相交投契而脫略形牽，形容彼此之間交好的程度。

科名 謂科舉功名，在此指官場職位。

氣象 猶謂儀態風度。

明公 對人的尊敬稱呼，類似今之「閣下」等。

衡文 品評詩文也。

科分 科舉中試的年分。

長揖 深深地作揖。

太牙師、小門生 按《稱謂錄》與《詞林典故》中謂：父之師、師之師或師之父均可稱為「太老師」，自稱則為「門下晚生」或「小門生」。

座主 科舉考試時中試者對主考官的稱呼。

慚恧 羞慚。

予告 官吏之告老退休。

翰林 官名，翰林院之一員，內中官職頗多。

教你看懂

在北京城有位賣菜的老翁，每天挑著擔子於街市中賣菜，都會在一位京官的住家門口經過，由於彼此間有買賣往來，日久之後便成了不拘形式的朋友，常常會相互聊天。老翁覺到這位京官的作為積極，熱中於職位的進取，再看他儀態風度不凡，大有不可一世的氣勢，於是在有次便探詢道：「請問閣下是在那一科中試？」對方答說：「某某科。」老翁又問到該科的考題為何？對方又曰：「某某題。」老翁接著就說：「那一次科舉考試中，沒有好的文章出來。」那位京官聽了覺得很奇怪，認為老翁的言詞過於狂妄。老翁馬上解釋道：「並非是真正沒有好文章，而是主試者沒有挑選出那些好的文章來。」京官則更加奇怪，老翁又說：「那是因為我沒有教導好兒子，以致於那小子不懂得評閱文章。」京官問到所謂那小子是誰時，老翁說是某某京官，於是這位京官詳加探詢了老翁口中那人的籍貫與科舉資料，老翁一一細說分明，京官聽後趕忙向前深深地鞠躬說：「原來您老人家竟是太老師，令郎他就是我的座主。」同時大為吃驚與羞慚，並請老翁上坐尊位。等到這位京官正準備好了要端肅衣帽以行大禮時，那老翁竟然挑起賣菜的擔子不顧而去。後來才知道那位老翁是一名告老退休的翰休，他的兒子正在奉朝廷之命，出外差辦理學政，他居住在京城的官邸中，由於看透了官場中的人心險惡與世情涼薄，所以才隱藏起真正的身分，而作起一個賣菜翁來。

你要明白

大隱隱於市，市井之中，臥虎藏龍。在中國的官場文化中，明哲保身是非常重要的事，尤其是在退休之後。很多一輩子當官的人，在告老退休時，看盡人生百態、繁華落盡，總會發出有如陶淵明一樣，想著能「採菊東籬下，悠然見南山」，過著平淡卻心靈富足的晚年歲月，不再為了官場中的明爭暗鬥費心傷神。

故事中的鬻菜翁就是這樣的一個人，寧願過著宛如市井小民一般的平靜生活，也要遠離是非。因而才會在那位京官準備要端肅衣帽以行大禮時，不顧一切一走了之。很多當官的人在退休之後，非但無法轉換心境，總以為自己還是那個大權在握，意氣風發的瀟灑人物，看不破身分的轉變其實也是世態炎涼的的開端，以至於傷身傷心，悵然若失。還不如這位鬻菜翁，看淡名利，自然歲月靜好。

揚州姚仁和／長壽之道

揚州北湖姚老人仁和，乾隆丙午夏六月，乘肩輿於市，一老人負囊從之，囊中皆錢。童子數十人繞其輿，不能前，仁和怒，責負囊老人，負囊老人唯唯。已而入市肆飲，晝肉半斤，曰：「吾不耐輿矣。」步行去。負囊老人隨之不及，汗浹背。蓋是日即仁和百歲誕日，謁沿湖諸神廟，負輿者其兩孫，負囊老人其子也，年八十矣。仁和髮尚黑，望之止六十許人。於是里人將為之舉於有司，而商人某更欲張其事。仁和叩頭謝曰：「我農人，生平未敢上人，故活至今日。一旦自肆，非農者所宜，天且促我歲。」遂中止。

——清、陳康祺《郎潛紀聞》

好好解釋

乾隆丙午 乾隆，清高宗弘曆之年號；乾隆丙午，為西元一七八六年。

肩輿 轎子。

有司 泛指官吏，這裡指有關主管官府。

上人 謂居人之上或傲人，與下人之意義相反。

自肆 自我放縱或放肆，比喻作為太過分。

教你看懂

揚州北湖地區，有位姚仁和老先生，在乾隆五十一年六月間，乘坐轎子到市集中去，一個老人背著袋子跟在轎子後面，袋子中裝的都是錢。路上碰到幾十個小孩，孩子們繞著轎子轉，這使得轎子無法前進。坐在轎子內的姚仁和生氣了，就責備背袋子的老人，那老人忙不迭唯唯諾諾。進入市區後，他們來到一家飯店喝酒，姚仁和吃完了半斤肉後，便說：「我不耐煩再坐轎子了。」話一停就邁步走去，背袋子的老人連跟都跟不上，累得汗流浹背。

原來這天，正好是姚仁和老先生的百歲生日，他要沿路進入北湖各神廟祭拜，抬轎子的兩人都是他的孫子，背著錢袋的，則是他八十歲的兒子。姚仁和的頭髮還是黑的，看上去只有六十來歲。於是鄉里人士，就想向官府舉荐他，還有一個商人，也想大事張揚。姚仁和忙向他們磕頭謝說：「我是一個農人，一生不敢居人之上，所以活到今天。一旦作得太過，這不是一個務農者該做的事，否則老天爺會讓我早死。」這樣一來，人們才不再提起此事了。

你要明白

二〇〇四年曾經有一場由臺灣諾華製藥公司舉辦的五代同堂招募活動，經過該公司與中央健保局的多時尋尋覓覓，當時總共發現有十六個五代同堂的家族，平均家族人數九十五人。其中成員最多的，屬臺中大甲的黃氏家族，共三百一十五人；年歲最長的，則為桃園平鎮的葉老太太，高齡已達一百零六歲。

隨著社會的現代化發展，由於年青人普遍晚婚，稍事蹉跎，四代共聚都很難得，要想五代同堂，可說難上加難了。在如此情況下，當時我們的社會中仍有那麼多個五代同堂的家族，這非但是他們家族自己的驕傲，也讓許多現在的人稱羨不已。

在我們的故事中，從文章裡對其個性、食量與步履的生動描述來看，姚仁和老先生無疑是個十分健康的人；更難得的是他的見識，一句「生平未敢上人」，道盡了他恬淡自居、不與人爭的處世態度，故當別人要錦上添花時，出於本性使他婉言加以謝絕，據此亦顯見他是個智者，智而健，「仁」者壽，確實如此。

松江太守明日來／興訟不如無訟

明宣正間，松江太守趙豫，居官慈惠。每見訟者，則諭之曰：「明日來。」始皆笑之，遂有「松江太守明日來」之謠。不知訟者乘一時之忿，經宿氣平，或眾為勸解，因而獲息者甚多。比之鉤鉅致人而自名英察者，其所存何啻霄壤！

——清、褚人獲《堅瓠續集》

好好解釋

宣正 此指明朝年號宣德與正統之合稱。

松江 府名，在江蘇省竟內。

趙豫 字定素，明朝安肅人，宣宗時以諸生歷官松江知府。

經宿 過了一夜之後。

鉤鉅 鉅通距；鉤取而致之，謂為鉤距；在此意指多智計較而反復調查。

所存 此指二者所產生的差別。

教你看懂

在明朝的宣德與正統年間，松江府的太守趙豫，為官慈善厚道，加惠百姓。每次見到有人來興訟時，他總是告訴對方說：「明天再來吧。」開始時由於大家不明白其所以然，都覺得很好笑，因此坊間就傳出了「松江太守明日來」這麼一句歌謠。殊不知趙豫這樣做，是有其深刻的用意——因為有許多人，都是乘著一時之忿去告狀的，經由趙豫這樣刻意「耽擱」了一宿，隔夜醒來氣就平息了，當然也有人在這緩衝的時期內接受了別人的勸說，以致爭議獲得平息與化解的情形非常多。趙豫的這種做法，與那些為自逞英明而不惜勞師動眾以反覆調查、智取巧辯者相比較，其間之差異何異於天地之別！

你要明白

任何人都知道，打官司絕對不是一件好事，非到萬不得已時，誰都希望能免就免；俗語所謂的「息事寧人」，雖然其範圍可以概括種種狀況，但若說其上限便是「避免對簿公堂」，大致上是錯不了的。不幸的是，塵世間總有那麼多的紛爭，而自號為「萬物之靈」的世人，卻多又拋不開「人爭一口氣」的俗見，以致古往今來，訴訟與歷史同在，刑法與牢獄並存，尤其是在法律條文多如牛毛的今天，看看滿街都是執業律師的現象，便知法院中待審訟案多如牛毛！當然，正如俗話說的：「預防勝於治療。」同理對訴訟一事而言，亦應作如是觀。就儒家的立場來說，孔子在《論語・顏淵》篇中曾清楚地表示過「聽訟，吾猶人也；必也，使無訟乎？」可知聖人不以訟為難，而以使民無訟為貴。

換句話說，一旦訟事既起，法官也好，律師也罷，他所能做的，無非是在法律的正義精神之下，為兩造謀求補救之道，就算得以勝訴，畢竟已是事後了，倘使事前能將訟事消弭於無形，那豈不更好？而本故事中的松江太守趙豫，因為他深通人情與事理，故他處理類似問題的手法就另闢蹊徑——儘可能籍由「為政」之道而避免「執法」之途，以達到無訟的目標。正因如此，《明史》中載其「在職十五年，清靜如一日；去郡，老稚攀轅，留一履以識遺愛。」前賢風範，彌足深思。

第二課

放掉部分的執著

孫叔敖兒時／兩頭蛇的故事

孫叔敖為嬰兒之時，出遊，見兩頭蛇，殺而埋之，歸而泣。其母問其故，叔敖對曰：「聞見兩頭之蛇者死，嚮者吾見之，恐去母而死也。」其母曰：「蛇今安在？」曰：「恐他人又見，殺而埋之矣。」其母曰：「吾聞有陰德者天報以福，汝不死也。」及長，為楚令尹。未治，而國人信其仁也。

——西漢、劉向《新序》

好好解釋

孫叔敖 春秋時楚國人，性恭儉，代虞丘為楚相，施教導民，三月而楚大治，佐楚莊王終成霸業。

嬰兒 這裡指幼年。

嚮者 嚮，同向；嚮者，謂剛才、前不久之意。

令尹 官職名，春秋、戰國時期楚國最高之官員，掌軍政大權，相當於宰相；惟到了明、清之際，對縣長亦有稱令尹者。

未治 猶謂尚未參與政治事務之前。

教你看懂

孫叔敖在幼年時，有一次外出遊玩，看到一條雙頭蛇，於是他就把那蛇殺了之後，把蛇埋葬掉，回到家中就哭了起來。他母親問他為什麼哭泣，孫叔敖回答說：「聽說看見雙頭蛇的人必然會死，而我剛才看到過，我害怕會離開母親死去。」他母親接著問：「那雙頭蛇現在在什麼地方？」孫叔敖說：「我怕別人又會看到，所以把牠殺死埋掉了。」於是他母親說：「我聽說積有陰德的人，老天爺會賜福給他，你是不會死的。」孫叔敖長大之後，做了楚國的令尹。在參與治理國政之前，他的仁德就獲得人們一致的信服。

你要明白

「善有善報，惡有惡報」，這是人們對事理的普遍認知，也是各種宗教的基本要素之一，前者鼓勵世人力行善舉，後者則告誡壞事莫為。太多的經驗揭示，善惡因果之報，確實廣泛地反映在我們的生活中，即使尚未顯現，那也「不是不報」，而只是「時辰未到」罷了。

孫叔敖埋蛇的故事，很多人都知道，難得的是他小小年紀時，就有這種仁德之心，所謂「三歲看大，七歲看老」，可見他後來治國時的勤政愛民，與其童稚時代之表現，二者實乃一以貫之。而整個故事的關鍵字眼，則在於那個「埋」字，由此方能體現他那「恐他人又見」的濟世心理。

三不祥／知賢善任，國家之福

齊景公出獵，上山見虎，下澤見蛇。歸，召晏子而問之曰：「今日寡人出獵，上山則見虎，下澤則見蛇，殆所謂不祥也。」晏子曰：「國有三不祥，是不與焉。夫有賢而不知，一不祥；知而不用，二不祥；用而不任，三不祥也；所謂不祥，乃若此者也。今上山見虎，虎之室也；下澤見蛇，蛇之穴也。如虎之室、如蛇之穴而見之，曷為不祥也！」

——漢、劉向《說苑》

好好解釋

齊景公 春秋齊人，名杵臼，齊靈公之子；好治宮室，聚狗馬，厚賦重刑，在位五十八年，卒謚景。

殆 推測詞，表將近、大概或恐怕的意思。

是不與焉 是，指代詞，在此謂上山見虎與下澤見蛇那兩件事；不與，不包括在內的意思。

不任 不放心委以重任。

教你看懂

齊景公有次出去打獵，在山上時遇見一隻老虎，到沼澤地又碰到一條大蛇。回宮後，他召來晏子問說：「今日我出去打獵期間，上山途中看見老虎，下到沼澤又看到大蛇，這莫非就是所謂的不祥之兆嗎？」晏子回話說：「一個國家的不祥之兆，有三種情況，但不包括上山見虎與下澤見蛇這種事。有賢能的人才而國君卻不知道，這是第一種不祥；知道了而不用這些人才，是第二種不祥；雖然用了他們但又不委以重任，是第三種不祥；所謂的不祥，就是像這類的事情。至於上山見到老虎，山原本就是老虎的棲息之處；下沼澤見到蛇，沼澤本來就是大蛇的巢穴所在。去到虎所棲、蛇所穴的地方而遇見牠們，怎麼能說是不祥之兆呢？」

你要明白

知賢善用，本來就是一個領導者的首要課題；領導者的層級愈高，受管轄者愈眾，此一課題的重要性便愈大。地不分中外，時無間古今，我們可以找到難以數計的事例，來佐證知賢善用對成敗利害的重要關鍵性。開中國封建制度之先河的周朝，其國祚長達八百年，周朝之所以能長久不墜，自然有賴於初期國家奠基的深厚，而成就此一基礎的重要人物，莫過於文王、武王、呂尚與周公。俗稱姜子牙的呂尚（又稱太公望），其渭水釣魚遇文王的故事，最為後世所樂道，他能獲得文王拜以為師與武王尊之如父的禮遇，固有其本身的能力與條件，但文武二王的知賢善用，於此已表露無遺了。

即使是自己受人所用的周公旦，畢竟他下面還要任用人，而知賢善用，仍然是他要遵循的鐵則，從他所說的：「……然我一沐三握髮，一飯三吐哺，起以待士，猶恐失天下之賢人。……」這些話中，足見人才的重要與為政者對人才的重視程度，長期以來，「吐哺」或「吐握」這一典故，業已成為求才若渴與禮賢下士的代名詞。

本故事理當是一則寓言，藉晏子之口，道出了一國之君的首要之務，便是如何去發掘人才，並加以重用。所謂用人唯才與用而不疑，說的也是這同樣的道理，國家固然如此，任何機構與組織莫不皆然。

三世不遇／生不逢時

上嘗輦至郎署，見一老翁，鬚鬢皓白，衣服不整。上問曰：「公何時為郎？何其老也！」對曰：「臣姓顏名駟，江都人也，以文帝時為郎。」上問曰：「何其老而不遇也？」駟曰：「文帝好文，而臣好武；景帝好老，而臣方少；陛上好少，而臣已老。是以三世不遇，故老於郎署。」上感其言，擢拜會稽都尉。

——漢、班固《漢武故事》

好好解釋

上 猶謂皇上，在此指漢武帝劉徹。

輦 皇帝所乘之車或王者之車，始於秦代。

郎署 官署名，上林宿衛者之官署。按漢制，郎為帝王侍從官的統稱，掌宿衛者又有羽林郎、虎賁郎等名稱，又稱郎官，猶今之侍衛官。

江都 漢時縣名，位今江蘇境內。
文帝 謂漢文帝劉桓。
景帝 謂漢景帝劉啟。

會稽 郡名，秦置，在今江浙地區。
都尉 官名，武職；秦時為郡尉，漢景帝時改稱都尉。

教你看懂

漢武帝有次乘車來到侍衛們的官署，看見一個老翁，他的鬍鬚與鬢毛全都雪白了，衣服也凌亂不整，武帝於是問他說：「你是什麼時候開始做侍衛的呢？為何這麼老？」這名侍衛答稱：「臣姓顏名駟，是江都人在文帝時就開始做侍衛。」武帝接著問：「那為何到老都任此一職，而無任何陞遷的機會？」顏駟回答說：「文帝喜愛文才好的人，而我卻是個習武之人；等到景帝時他喜愛老成持重的人，而我當時還年輕；如今皇上您喜愛年輕的人，但我卻已經老了。因此在三個朝代中的際遇都很差，以致於老於官署。」漢武帝聽了他的話很感動，後來便將顏駟擢陞為會稽郡的都尉。

你要明白

這是一則非常著名且發人慨嘆的故事，它敘述了顏駟在歷經西漢三朝之所以不遇的原因，從而使我們對造化弄人有深沈的無奈之感。雖然漢武帝最後還是擢陞了他，稍彌其平生之憾，但套用一句時下流行的話來說，這畢竟是「遲來的補償」，因為在其過往的一段時日，以然是「生命留白」了。

就個人的一生而言，遇不遇者，幸不幸也。人生原屬有幸或不幸，古今中外的知名人士，其平生遭逢不遇、不幸者，簡直可說是車載斗量，各種人才都有。從俄國的數學家羅巴切夫斯基到荷蘭的畫家梵谷，前者所發明的「羅氏幾何學（非歐幾何學之一種）」，直到死後才獲得數學界的高度肯定；後者則生前坎坷，在世時僅賣出一幅畫作，最後以自殺而終，其作品的價值在今日卻出奇的高。又如王勃在「滕王閣序」中所慨嘆的「溮唐亦老，李廣難封」，無非也是在說明人才的生不逢時，抑鬱終世。

因此，面對這種無法捉摸的命運安排，我們一定要看得開，千萬不可以去鑽牛角尖，乃至怨天尤人而終成自暴自棄，蓋俗語尚且有無謂「人比人，氣死人」。昔人嘉言錄中曾說「是非審之於己，毀譽聽之於人，得失安之於數」或許這幾句話，正就是我們所應持有的人生觀吧。

鶻死懷中／玩物喪志

太宗得鶻絕俊異，私自臂之，望見鄭公，乃藏於懷。公知之，遂前白事，因語古帝王逸豫，微以諷諫。語久，帝惜鶻且死，而素嚴敬徵，欲盡其言。徵語不時盡，鶻死懷中。

——唐、劉餗《隋唐嘉話》

好好解釋

太宗 即唐太宗李世民，唐高祖李淵次子。

鶻 一種鳥名，形似鷹而體較小。

鄭公 指名臣魏徵，因他後來被封為鄭國公。

白事 猶言稟告朝事。

且死 快要死，即將死。

嚴敬 嚴，敬也，；嚴敬在此是一個屬於聯合結構而表示畏敬的詞組。

不時 猶謂沒有及時。

教你看懂

唐太宗得到了一雙非常俊異的鷂鳥，有一天正好讓該鳥站立於手臂上玩賞時，遠遠地看到了鄭國公魏徵走過來，他連忙把鳥藏在懷裡。這時魏徵已經發覺到，便走到唐太宗面前來稟告一些事情，並乘機講述古來帝王因貪圖逸樂而招致衰敗的某些歷史，作委婉的勸諫。由於魏徵講個不停，唐太宗深恐鷂鳥快要被悶死，但因素來敬重魏徵耿直的為人，還是等他把話講完。無奈的是，魏徵沒有及時講完他要說的，那隻鷂鳥最後就死在唐太宗的懷裡。

你要明白

蒔花養鳥，這是人們休閒生活中的部分內容，往古來今，一向如此；即使談不上是如何清高，但起碼也算是一項正當的消遣娛樂，更何況從其實踐過程中，必然可學習到或培養出一些相關的知識、耐性與愛心，故社會上對此一行為的評價，絕大多數都是正面的。只不過，對一個身負重責大任或銳意進取的一國之君來說，好此過甚時，就難免會受到「玩物喪志」的非議。

從歷史中我們可以瞭解，唐太宗李世民是一位明君，而作為一位明君，他當然更清楚玩物喪志的害處，只因難以完全去除掉人的七情六慾，故偶然藉賞鳥之餘以舒解身心，這原是一件很普通而自然的事情，但卻偏巧碰上了以直諫聞名、國事為重的魏徵，所以就發生了那麼一段「小鳥被悶死在皇帝懷中」的有趣故事。從這篇短文中，我們看到了一幕明君與賢臣之間的互動過程，這情景似乎有些像是，一個頑皮的學生因被老師發覺他犯錯後所顯現的尷尬境況，由此一觀點立論，若以「國師」來稱呼魏徵，他理應當之無愧。

昏主／扶不起的阿斗

司馬文王問劉禪：「思蜀否？」禪曰：「此間樂，不思」郤正教禪：「若再問，宜泣對曰：『先墓在蜀，無日不思。』」會王復問，禪如正言，因閉眼。王曰：「何乃似郤正語？」禪驚視曰：「誠如尊命。」

——明、馮夢龍《古今談概》

好好解釋

司馬文王 即司馬昭，三國時代曹操部屬司馬懿的次子；因後來其子司馬炎篡魏，乃追尊司馬昭為文帝，故這裡稱司馬文王。

劉禪 劉備之子，因世稱劉備為劉先主，所以後世多以劉後主稱之。

郤正 蜀人，字令先，後主遷洛陽，捨妻子單身隨侍。

先墓 先人的墳墓。

因閉眼 指劉禪答話後，閉上眼睛裝出要哭的樣子。

教你看懂

三國時代末期，蜀國被滅之後，劉禪降魏，封安樂公，舉家東遷洛陽。有一天，司馬昭問他說：「是否會思念蜀地？」劉禪回答說：「不會，因為這裡很快樂。」知道了這事，隨侍劉禪的郤正就指點他說：「如果司馬昭再問起時，你應哭泣著回說：『先人的墳墓都葬在蜀地，我是天天都在惦念著。』」等到後來司馬昭再次問他時，劉禪便照著郤正教他的話回答，說完並閉上眼睛，想裝出要哭的樣子。司馬昭於是說：「為何你剛才所說的話，像是郤正的語氣呢？」劉禪聽了大驚，睜眼望著司馬昭說：「您的話確實沒有錯。」

你要明白

即使是時下的青少年們，當你問他劉禪是誰時，或許知道的不會太多，但若改問他「阿斗」是什麼意思？他很可能會馬上回答說：「誰不知道，沒啥用的意思啦。」由此可知，俗語所說「扶不起的（劉）阿斗」，已是一句眾所周知的話，而且也經常使用在我們的日常生活裡。

在另一方面，成語中的樂不思蜀，其大意也是廣為人知的，只不過，其典故的出處就未必人人都知道。然而，從本文所介紹的這則故事中，我們非但可直接地得知「樂不思蜀」的出處，而且也間接地，為「扶不起的阿斗」這句俗語作了邏輯上的佐證。

阿斗是劉禪的小名，不說「扶不起的劉禪」而偏要說成「扶不起的阿斗」，毋寧說是世人的刻意嘲諷，將他視同小孩子一般（雖然他曾在位四十一年）的無知與愚笨。事實上，原作者馮夢龍的《古今奇觀》一書，便是將此則故事歸類為「專愚部第四」，其用意也是顯而易見的。

社會上常說「創業不易，守成維艱」，當然兩者都很重要，但所強調的更在後者。換言之，先人或前輩辛苦得來的事業與成就，要想持續保有甚至發揚光大，後繼者必然備感壓力而取必須付出更多的心力；只要揣摩一下「富不過三代」這句話的真諦，便知所言不虛。

當然，一門、一族乃至一國的榮枯盛衰，所涉及的因素是繁多而複雜的，但繼起者是否夠爭氣，卻是最為關鍵的要素。如果能世世代代勤奮工作，則即使遇到一時的衰落，也必有再起之日，如劉禪這樣，只會徒留給後世無限的感嘆罷了。

天道好還／以其人之道，還至其人之身

某公之卒也，所積古器，寡婦孤兒，不知其值。乞其友估之，友故高其價，使久不售，俟其窘極，乃以賤價取之。越二載，此友亦卒，所積古器，寡婦孤兒，亦不知其值，復有所契之友，效其故智，取之去。或曰：「天道好還，無往不復，效其智者罪宜減。」余謂此快心之談，不可以立訓也。盜有罪矣，從而盜之，可曰罪減於盜乎？

——清、紀昀《灤陽消夏錄》

好好解釋

古器 在此指古董、字畫等珍玩之類的東西。

所契 交誼素來深厚者。

教你看懂

某位要人在死後，遺留了不少的古董，但家中的寡婦孤兒，卻不知這批東西的價值所在，於是懇求死者的友人代為估價，而這位友人心懷不軌，故意高估其價值，使得這批東西久久賣不出去，等到家計實在撐不下去的時候，便只得以賤價將那些古董賣給了這名友人。過了兩年，這名友人也死了，身後也留下不少古董，家中的寡婦孤兒，同樣也不知道其價值的高低，於是這位友人的一個生平知交，便如法泡製地故技重施，用賤價取得了這些古董。對於此前後兩件事，有人說：「這就是天道好還、無往不復的道理，但對效其故技者的罪刑，應該要減低一些。」這個論點，我認為只是一種使人快心但卻不足為訓的說法。試想，人人都知道盜賊是有罪的，如果有人也效法他成為盜賊，難道說效法者的罪就要比盜賊的輕一些嗎？

你要明白

孤兒寡婦，是個典型而十足的弱勢者代名詞，無論是天災或人禍，諸如地震、狂飇、戰爭，乃至史無前例的「九一一紐約攻擊事件」，都曾為這個世界平添了無數冤魂，並進而製造了為數更多的孤兒寡婦，可說是塵世間的大不幸。惻隱之心，人皆有之；貪婪之心，人亦有之。所以每當災難降臨時，都有善心人士伸出援手，或個人，或團體，或出錢，或出力，皆抱持人溺己溺的精神，為這個社會奉獻一份愛心；然亦有極少數的害群之馬、濁世人渣，或趁火打劫，或借機發其災難財，即使路人側目亦毫不顧忌；足證善惡各在人心，而賢不肖立即可判。

故事中的「某公之友」，便是一個乘人之危的昧心者，用卑劣手法欺騙孤兒寡婦而取得古董，既絕了朋友之義，亦造了凌弱之孽，所以不久之後報應就來了，天道好還而拖累了他自己的寡婦孤兒，妙的是他的友人，也以其人之道，還至其人之身，故技重施，真可說等到閻羅王面前打官司時，他也無話可說了。

除卻本身的情節外，故事的末段也抒發了原作者的議論，他用「盜有罪矣，從而盜之，可曰罪滅於盜乎？」以這種邏輯，來駁斥旁人「大快人心」的論調，可見他守正持平的態度，也正確地反映了律法的本質與法治的精神。

假龍圖／一意孤行害人命

嘉興宋某，為仙游令，平素峭潔，以老包自命。某村有王監生者，奸佃戶之妻，兩情相得，嫌其本夫在家，乃賄算命者告其夫，以在家流年不利，必遠遊他方，才免於難。本夫信之，告王監生，王遂借本錢，令貿易四川，三年不歸，村人相傳，某佃戶被王監生謀死矣。宋素聞此事，欲雪其冤。一日過某村，有旋風起於轎前，迹之，風從井中出，差人撩井得男子腐屍，信為某佃。遂拘王監生與佃妻嚴刑拷訊，俱自認謀害本夫，置之於法。邑人稱為宋龍圖，演成戲本，沿村彈唱。又一年，其夫從四川歸，甫入城見戲台上演王監生事，就觀之，方知妻業已冤死，登時大慟，號控於省城臬司某，為之申理。宋令以故勘平人致死抵罪。仙游人為之歌曰：

「瞎說奸夫害本夫，真龍圖變假龍圖，寄言人世司民者，莫恃官清膽氣粗。」

——清、袁枚《新齊諧》

好好解釋

嘉興 即今浙江嘉興縣。

仙游 即今福建仙游縣。

峭潔 嚴苛而清白。

老包 指宋朝的包拯；因包拯曾任龍圖閣直學士，且為官清正，故稱其為包龍圖，民間咸稱包青天。

監生 明、清入國子監就讀者，統稱監生，相當於今之國立大學學生；惟乾隆後之監生，多指由捐納而得者，並不入監就讀。

流年 本謂年華，在此則指星象命理家所稱的一年之運氣。

撩 撈取。

臬司 即按察使，唐置，主要是考核吏治；清代時，隸屬於各省總督、巡撫，亦稱臬台。

平人 無病之人。

司民 管理百姓。

教你看懂

浙江嘉興的宋某人，出任福建仙游的縣令，他平常嚴苛而清白，自以為如同宋朝的包青天。縣中的某村有一個王監生，與佃戶的妻子通奸，兩情相悅，嫌那佃戶在家礙手礙腳，就賄賂算命先生告訴那佃戶，說是在家流年不利，一定要離家遠遊，才能避免災難。那佃戶相信了，就去與王監生商量，王監生借了本錢給他，讓他到四川去做生意，結果一去三年都沒回來，村人們傳說，王監生已將那佃戶謀害死了。

宋縣令早就聽說這件事，他想要為那個佃戶申冤。有一天經過佃戶所住的那個村子，轎前刮起一陣旋風，循著風勢找去，看見風從一口井中出來，派人往井中一撈，發現了一具腐爛的男屍，他認為這就是那佃戶。於是，他拘捕了王監生與佃戶的妻子，嚴刑拷問之下，兩人被逼迫招認謀害了那佃戶，結果就被正法了。縣民將他稱為宋龍圖，並把這件事編成了劇本，挨村彈唱演出。

再過了一年，那個佃戶從四川回來，剛入縣城就看到戲台上正在演出王監生的事，等他一看之後，才知道自己的妻子已經被冤死，立刻大為傷心，哭著到省城去向臬台告狀，要求申冤雪案。由於宋縣令勘訊此案，將兩個好端端的人活活地弄死了，結果他被處以死刑來抵罪。仙游人後來為此寫了一首歌，歌詞為：「瞎說奸夫害本夫，真龍圖變假龍圖，寄言人世司民者，莫恃官清膽氣粗。」

你要明白

套用一句廣告用語「斯斯有兩種」，則碌碌世俗所畢生追逐者也有兩種，那就是「名」與「利」；儘管隨著識見的增長與智慧的加深，有不少人會將名利看得越來越淡，但生命的後繼者卻愈來愈多，這些人正在追逐名利的路途上，勇往地衝向那不確定的未來。

將場景搬到仕宦場中，則為官者所追求的仍是名與利，利令智昏的結果，固然會產生違法亂紀的貪官，而沽名釣譽的念頭，亦有可能會製造出，實則與貪官差不多的「清官」。這裡的所謂清官，是經過化粧者，而非其本來的面目，說他與貪官差不多，是因為二者皆屬於名利之徒，且就禍害百姓的觀點來看，二者可謂一丘之貉，故事中的宋縣令，為了滿足其好名的虛榮心，竟然剛愎自用而草菅人命，最後他落了個身死名裂的下場。

橫財／為他人做嫁裳

山右侯氏，在國初鉅富，傳聞其始富甚奇：有夫婦二人，窮而無子，然每日必禱於神，願得橫財，即死無恨。如是數十年無驗，而夫婦則已老矣。一夕就寢，忽聞地上有聲，勃然如釜溢，起視之，則遍地皆元寶湧出，驚起捉取之，而愈取愈多，至於不勝取，二老皆力竭而仆。有族子者，少孤未娶，所居相距不遠，每日至其家助炊汲。是日至，而門不啟，叩之不應，踰垣入視，則老翁已為元寶壓死，老婦僅存一息，尚能言，未幾亦死。族子埋葬之，擁其所有，為富人，乾隆末始衰。

——清、羊朱翁《耳郵》

好好解釋

山石 指山西省，因其在太行山之西。
國初 清朝初年。
無恨 沒有遺憾。
釜溢 水在鍋中因沸騰而溢出。

少孤 很小時便死了父親。
助炊汲 謂幫忙劈柴挑水等事。
踰垣 翻牆。

教你看懂

山西省有一戶侯姓人家，在清朝初年期間非常富有。傳說中其發財的事情甚為奇特；原先有一對夫婦由於既貧窮又無子女，所以每天都向神只禱告，希望求得橫財，就算是馬上死去也沒有遺憾。這樣每天求神許願，一直過了幾十年皆不見靈驗，兩夫婦也都老了。結果有一天晚上，兩人已經就寢，忽然聽到地上發出聲音來，像是從鍋中煮沸的水溢到地面那樣，於是便起身查看，竟然發現遍地都有元寶湧出來，兩人大為吃驚，趕忙來撿，不料卻越撿越多，簡直是撿不勝撿，最後兩人都精疲力盡而跌倒在地。他們有個族子，由於從小喪父，家貧未娶，居住在二老家附近，每天都會來幫忙做些粗重雜活。這天當他來到二老家時，看到門沒有開，叫門之後又沒有人應門，於是就翻牆進來查看，卻發覺老翁已經被元寶壓死了，而那位老婦也只不過剩下一口氣，但總算是還能說話，沒多久也就死了。這位族子將二老安葬之後，便承繼了他們的所有財產成為富人，一直到乾隆末年家道才開始逐漸衰退。

你要明白

在過去的農業社會中，一戶一姓，要想白手起家、積財致富，那是極為不易的，非得經過一生甚至數代的縮衣節食與勤奮努力，否則很難成功。即使是在經濟已經起飛的今日寶島，或是世人無不嚮往的美國社會，所見者亦多為溫飽大眾、白領階級，若是寄望於短期之內，能夠憑真本領快速發財，甚至成為億萬富豪，那幾乎可說是痴人作夢。

這則故事的情節純屬虛構，顯然是杜撰出來的，但其對人性貪痴的描繪與寓意卻是異常深刻。由於窮困而希望富裕起來，這原是每個人都會有的想法；由於有所求而去禱於神，若偶而為之則也屬人情之常；但像故事中的侯氏夫婦，因貧窮而想一步登天以得橫財，更執迷至數十年如一日無稍解，甚且「以死相許」而求橫財之必得，則其貪痴之深，概可想見。

是思求神如果不靈，則數十年之辛勤豈非白廢？若是神而有靈，則既已以死相許，要來橫財何用？而原作者的故事安排，竟然是「靈之又靈」，揣度其意，這無異是替「人為財死」這四字做註解。如果說「鳥為食亡」中的鳥因無知而可悲，那麼「人為財死」中的人卻因貪痴而屬可鄙。

除了「人為財死」之外，故事中另一個頗堪玩味之處，可由「窮而無子」與「族子擁其所有，為富人」這幾句話而見之。蓋在傳統思想上國人數千年來都有一種「為兒孫謀」的情節，君不見暴秦之滅六國、稱皇帝之餘，更希望後代子孫能歷萬世而家天下，故自稱號「始皇」，殊不知胡亥即位三年，趙高弒之，暴秦天下，二世而斬，讀史者每每深為嘆之。反觀故事中的那對夫妻，既吳子祠，何需為兒孫謀？錢財為身外物，死後豈能帶走？結果是自己以命許來的橫財，曾不逐一日之歡，卻被他人擁其所有而成富者。昔人詠蜂詩句謂「採得百花成密後，為誰辛苦為誰忙？」唐詩中亦有「苦恨年年壓金線，為他人做嫁裳！」讀此兩詩而思彼二老，寧無慨嘆乎？

無不可解之冤／懸崖勒馬猶可救贖

有王某、曾某，素相善。王豔曾之婦，乘曾為盜所誣引，陰賄吏斃於獄。方營求媒妁意忽自悔，遂輟某謀，擬為作功德解冤，既而念佛法有無未可知，乃迎曾父母妻子於家，奉養備至。如是者數年。耗其家貲之半。曾父母意不自安，欲以婦歸王，王固辭，奉養益謹。又數年，曾母病，王侍湯藥，衣不解帶。曾母臨歿，曰：「久蒙厚恩，來世何以為報乎？」王乃叩頭流血，具陳其實，乞冥府見曾為解釋。母慨諾，曾父亦作手書一札，納曾母袖中曰：「死果見兒，以此付之，如再修怨，黃泉下無相見也。」後往為曾母營葬，督功勞倦，假寐壙側。忽聞耳畔大聲曰：「冤則解矣，爾有一女，忘之乎？」一惕然而寤，遂以女許嫁其子，後竟得善終。

以必不可解之冤，而感以不能不解之情，真狡黠人哉！然如是之冤尚可解，知無不可解之冤矣。亦足為悔罪者勸也。

——清、紀昀《旁徵博引》

好好解釋

艷 豔的俗體字，亦作艶，羡慕也；在此含有「覬覦」的意思。

誣引 相牽曰引，誣引表以妄言牽連，猶今之所謂偽證。

妻子 老婆與子女。

家貲 家財。

修怨 報舊仇、宿怨之謂。

黃泉 指陰間、地下。

假寐 不脫衣冠而翕目小息。

壙 墓穴也。

惕然 驚懼貌。

善終 謂人不遭禍患而竟其天年。

勸 勉勵也。

教你看懂

有王某與曾某這麼兩個人，素來就相處得不錯，由於王某覬覦曾某老婆的美色，因此就趁著有次曾某遭盜匪所誣攀的機會，暗中賄賂獄使將曾某在牢中害死。等到將要請託媒人來向曾妻提親時，王某突然間有了悔意，因而就終止了這項陰謀。他本想作法事來解冤，可是又顧慮到佛法事否靈驗實在未可知，於是將曾某的父母與妻兒接到自己家來，好好地奉養照顧。這樣過了幾年，耗費了他家財的半數。曾某的父母自覺過意不去，主動想要將媳婦與王某送作堆，但王某再三辭謝，且奉養越發謹敬。又過了幾年之後，有一次曾母重病，王某衣不解帶地侍候湯藥。在臨死前，曾母說：「長久以來受你的恩惠，叫我下輩子怎樣才能報答？」王某終於將實情一一說出，趴在地上叩頭謝罪，並請曾母在陰間見到兒子時代為說情。曾母慨然答允，在旁邊的曾父也寫了一封信，放入曾母的衣袖中，並交代妻子說：「你死後果真能見到兒子的話，就將這封信交給他，如果還是要念舊惡、報宿怨，那我死後也不想再跟他見面了。」後來王某在為曾母安葬時，因督工勞累，正在打盹間，忽然聽到耳邊大聲說：「冤孽雖說解了，但你有個女兒，難道忘了嗎？」從驚懼中醒轉過來，沒多久便將自己的女兒嫁給曾某的兒子，最後他竟得以善終。

以必然不可化解的冤仇，而動之以不能不被化解的感情，這樣的行事作為，真是一個狡黠的人啊！然而像這樣的冤仇尚且可以化解，可知世間沒有無法化解的冤仇了。此一情形，也足以作為勉勵犯過者悔罪自新。

你要明白

人都有良知，這也是人之所以有別於世間萬物者。若不是萬惡不赦之徒，則在其有生之年，或早或晚，或久或短暫，或於午夜捫心自省，或遭到當頭棒喝時，必然會有省思與愧悔之時刻，這是檢視自己的行為，油然而生的良知體現。明朝大儒王守仁，或稱陽明先生，他繼承了孟子的相關概念。在晚年專事研究良知學說，其宗旨之所在，便是「致良知」。本故事描述了一個因貪色而殺友的犯罪者，在良知尚未泯滅之前，如何懸崖勒馬並盡心救贖的詳細過程，它固然讓我們看見人心的可怕一面，但卻也使我們深深地感受到人性中知悔能改的可貴之處。

最重要的是文末的那三句話，原作者紀曉嵐借此來呼籲世人，「無冤不可解」的意義，並作為與人結怨者的前車之鑑，這無疑具有積極的勸世功用。事實上，綜觀世人的一生，很難有不犯過錯的，只是其輕重大小不一而已，所謂「知過能改，善莫大焉」與「放下屠刀，立地成佛」，無一不是在奉勸犯罪者能幡然悔改。

第三課

正直就是最大的靠山

欲不欲／無貪念的品德

宋之鄙人，得璞玉而獻之子罕，子罕不受。鄙人曰：「此寶也，宜為君子器，不宜為細人用。」子罕曰：「爾以玉為寶，我以不受子玉為寶。」是鄙人欲玉，而子罕不欲玉。故曰：「欲不欲，而不貴難得之貨。」

——周、韓非《韓非子》

好好解釋

宋 春秋、戰國時代的國名。

鄙人 粗野無識之人。

璞玉 未經彫琢的玉。

子罕 人名，春秋宋國之賢大夫，姓樂名喜，以廉潔著稱。

細人 猶謂見識短淺的平民百姓。

貨 在此泛指財物。

教你看懂

宋國的一個鄉下人，有一次得到了一塊尚未經彫琢的玉石，他拿著玉石去獻給大夫子罕，而子罕卻不肯收受。這個鄉下人就對子罕說：「這可是塊寶物啊！只適合像您這樣的君子佩戴，一般平庸百姓是不宜使用的。」子罕聽了之後回答他說：「你是把玉器視為寶，我則是把不收受你的玉這事視為寶。」可見這個鄉下人很貪愛玉器，而子罕卻能對此毫不動心。所以說：「應該追求的是無貪念的品德，而不是難得一見的財物。」

你要明白

自從一部名為「克拉瑪對克拉瑪」的電影上演以來，社會上頗為流行形如「A vs.B」之類的議事標題，人們藉著兩件事物之間的明顯差異或暗中關聯，加強闡述所要說明的價值觀與重要性，循著這種邏輯推演，本故事的主要內容，無疑也就是「璞玉對不欲」的強烈寫照了。純就文字上來說，「璞玉」是個名詞，指的是一件東西；而「不欲」則是個片語，指的卻是一種行為或品德。《易・繫辭》中說得好，「形而上者謂之道，形而下者謂之器」，玉之為器，故不管是璞玉還是美玉，終究是形而下者，屬於物質的層次；不欲既為一種品德，自然就是形而上者，是屬於超物質或精神層面的範疇。

由於本故事廣為人知，它非但出現在《韓非子》一書中，也見載於《呂氏春秋》裡，在世人的良知深處，其實早有答案。只不過，讓我們十分無奈的是在現實生活上，人們十之八九所喜愛的是「美玉」而非「不欲」，就像「宋之鄙人」！若有人一定要問這其中的道理何在，那大概也只能用

「知易行難」這四字來回答吧。說到知易行難，它正如知難行易那樣，二者均不妨可視為一個哲學問題，長期以來也都受到廣泛的議論。固然各有人力主知易行難或知難行易之說，但能融會二者而成一體者，筆者認為當是王陽明的「知行合一」論，直接引用其結論式的話語：「未有知而不行者，知而不行，只是不知。」可見只要是「真知」，便能「必行」。

最後要說明的是，雖然在《孫文學說》一書中，國父是主張「知難行易」的，但那有其時代背景，按該書於民國八年出版，是時種種建設猶多未完全實現，他有感於各同志認為「知之匪難，行之維艱」而不敢努力奉行，故提倡知難行易學說。畢竟，知行問題極度複雜，不是三言兩語所能曲盡其妙，即使時至今日，猶存爭議而難有定論。

上行下效／上樑不正下樑歪

靈公好婦人而丈夫飾者，國人盡服之。公使吏禁之曰：「女子而男子飾者，裂其衣，斷其帶。」裂衣斷帶，相望而不止。晏子見公，問曰：「寡人使吏禁女子而男子飾，裂斷其衣帶，相望而不止者，何也？」晏子對曰：「君使服之於內，而禁之於外，猶懸牛首於門，而賣馬肉於內也。公何以不使內不服，則外莫敢為也。」

公曰：「善。」使內勿服，踰月而國莫之服。

——周、晏嬰《晏子春秋》

好好解釋

靈公 春秋齊國國君，齊頃王之子，在位二十八年，卒謚靈。

丈夫飾 男人穿著裝扮。

晏子 春秋齊國大夫，姓晏名嬰。字仲謚平，史稱晏平仲；歷事齊靈公、莊公與景公，以節儉力行顯於世。

踰 與逾字通。

教你看懂

靈公喜歡婦人作男性化的裝扮，於是全國的女子，都紛紛穿起男人的服飾。靈公便命官吏去下達禁令：「凡是女子穿著男性服裝者，就要撕裂其衣服，扯斷其腰帶。」

雖然都這樣做了，但風氣總是改不過來。有一次晏子來見靈公，靈公問他說：「我曾命官吏下達禁令，對那些女穿男裝者，施以裂衣斷帶的處分，但違規者就是相望而不停止，這是為什麼呢？」晏子回答說：「您身為國君，在宮內允許婦人的衣飾男性化，卻要在宮外禁止；這就像一家肉店，門口掛著牛頭而店內賣的是馬肉那樣。所以，大王應該先在宮內禁絕這股風氣，則外面便不敢效行了。」靈公回允說：「很好。」就這樣先在宮內，禁止女扮男裝，一個月之後，全國就再也看不到此一現象了。

你要明白

所謂「時髦」或「風尚」，指的是一種「潮流」與「趨勢」，追求並仿效時髦，乃是人類的自然心理，古今中外，大都如此；這恰應了俗語所說的：有樣學樣。正如任何事物，都有好壞之分與良窳之別，風氣也不例外；好風氣值得鼓勵，壞風氣則絕不應該提倡，這本屬常識之談，原是人人都懂得的道理，問題是一旦涉及到當事人的私心之欲，則是非對錯便模糊不清了。

故事中的齊靈公，雖明知「舉國女扮男裝」有傷風俗，但因其一己之好，故在宮內大行其道而卻希望宮廷外面一律禁絕，試問這又怎麼可能呢？須知「上樑不正下樑歪」，身為一國之君，對相同情事竟作表裡不一的要求，又豈不令人啞然失笑。無可否認的是，故事的宗旨乃在於說明上行下效的必然性，故其內容頗值得身處上位者，尤其是手執政柄者引以為鑑並深自警惕。《論語．顏淵》篇中有謂：「政者，正也；子率以正，孰敢不正？」孔子所說的這幾句話，適足為本故事作一個概括性的論斷。

李離伏劍／生命的價值觀

李離者，晉文公之理也。過聽殺人，自拘當死。文公曰：「官有貴賤，罰有輕重，下吏有過，非子之罪也。」李離曰：「臣居官為長，不與吏讓位；受祿為多，不與下分利。今過聽殺人，傳其罪下吏，非所聞也。」辭不受令。文公曰：「子則自以為有罪，寡人亦有罪邪？」李離曰：「理有法，失刑則刑，失死則死。公以臣能聽微決疑，故使為理。今過聽殺人，罪當死。」遂不受令，伏劍而死。

——漢、司馬遷《史記・循史列傳》

好好解釋

李離 春秋時代晉國人，事晉文公，為其理獄官。

理 官職名，掌管刑獄。古代稱法官為「理」或「李」，其後改稱為「大理」，而「大理寺」則為官署名。

過聽 聽獄有所過失，猶言審判錯誤也。

伏劍 以劍自殺。

教你看懂

春秋時代的李離，擔任晉文公的理獄官。有一次因錯誤判決而殺了人，發覺過失後，就把自己拘押起來，並判處自己的死刑。晉文公對他說：「官有貴賤之分，罰有輕重之別，下屬官吏的過錯，這不是你的罪。」李離說：「我位居司法首長，不曾對下屬讓過位子；受的俸祿最多，也沒有與下屬分享過。如今因誤判殺了人，卻將罪過轉嫁到下屬的身上去，這不是我所願聞（見）的事情。」結果他謝絕了晉文公的善意，沒有接受赦令。晉文公又說：「你若自以為有罪，那豈不連我也有罪囉？」李離回答說：「理獄法律規定得很清楚，判錯刑的自己要受刑，殺錯人的自己要抵命。您認為我有能力斷案決疑，所以才委派我任職法官。現今錯殺了人，按罪當處死刑。」於是他再次不接受晉文公的赦令，隨即拔劍自殺了。

你要明白

關於人生的價值，有一段令人難忘的文章——將塵世間人們所追求的金錢、地位與權力等等，都以數字來表示，但這些外在的東西都屬於某串數目字後面的若干個「0」，真正具決定性作用的，是這些零字前面的

「1」，而這個「1」，指的便是身體或健康——顯然，無論是一百萬或一百億，去除最前面的那個「1」，數目自然通通歸「0」；同理，一個人若失去了健康，再多的財富與權位，也是枉然。

既然「健康」是如此重要，則在現實與世俗中，「生命」具有至高無上的價值，自屬必然。「好死不如賴活」，的確說明了世人對生命的尊重，以及對有生的留戀；因為縱然是「備極哀榮」，但往生者已無意識，能感受到那個「榮」字的只是他的親友。

只不過，在某些人的信念中，生命的價值觀是相對的，因為他既不現實更非世俗，而是心胸間別有洞天在，說白點，就是他有崇高的理想與堅定的執著；當然，這種人是少之又少的，故事中的李離，是一個難得的例子。

從內文中我們知道，李離之死，死在以身殉法，雖然晉文公兩度給他「下台階」而意欲為他開脫，但他堅持不受赦令而毅然引劍自刎，這充分彰顯了他這個執法者對法律的尊重與恪守，如此的情操與場景，千古之下，讀之者然為之動容。

崔光／人生不滿百，常懷千歲憂

後魏自太和遷都之後，國家殷富，庫藏盈溢，錢絹露積於廊廡間，不可校數。太后賜百官負絹，任意自量，朝臣莫不稱力而去。唯章武侯王融與陳留侯李崇負絹過任，蹶倒傷踝；太后即不與之，令其空出，時人笑焉。侍中崔光只取兩匹，太后問曰：「侍中何少？」對曰：「臣有兩手，唯堪兩匹，所獲多矣。」朝貴服其清廉。

——後魏、楊衒《洛陽伽藍記》

好好解釋

後魏 指南北朝時代的北魏。

太和 北魏孝文帝（元宏）的年號。

錢絹 泛指錢糧布匹等民生物資。

廊廡 房屋與廳堂外的走廊。

稱力 量力。

蹶倒 跌倒。

侍中 官職名。秦置，漢沿之；侍從皇帝左右，出入宮廷，頗有權勢。

崔光 北魏人，本名孝伯，字長仁，以孝文帝見重，賜名光；太和中，拜中書博士，參撰國書，卒謚文宣。

教你看懂

北魏自孝文帝遷都洛陽之後，國家慢慢殷實富強起來了，各種民生物資多到國庫裡都放不下去，便只好不加覆蓋地堆積在走廊上，數量也是多到數不清。有一天，太后決定要賞賜絲絹給文武百官，並且不限數量，只要能拿得走就行，於是大家量力而為，扛走了自己所要的絲絹。但是，章武侯王融與陳留侯李崇這兩人，卻因為太過貪心，扛負的絲絹超越了自己的體力，以致跌倒並傷了腳踝；這麼一來，太后便收回成命，不再賜絹給他們而是命令他倆空著手回家，結果惹來人們的譏笑。另外，還有一位侍中崔光，他只拿了兩匹絹，太后問他說：「侍中為何拿得這麼少？」崔光回答說：「臣只有兩隻手，故只能拿兩匹絹，對我來說，收獲已經夠多了。」看到這種情形，滿朝文武都欽佩崔光的清廉。

你要明白

人之所以為萬物之靈，是因其思維發達而生出智慧，這是其它動物所無法比擬或擁有的。人類因具智慧，故而學會了處心積慮，較諸其它動物的只管眼前溫飽，人類則更懂得如何為自己的長遠發展思謀遠慮，所謂「人生不滿百，常懷千歲憂」，此種處處為異日著想的心思，非但決定了其個人的行止與前途，也形塑了整體的人類文明史。

顯然，既是處心積慮也為一己之謀，便很難不引發一個人的貪念，食不厭足，衣不厭豐，財不厭多，只要雙手能動而一息尚存者，沒有不盡其力而聚之、屯之者。故事中的王、李兩侯，照說諸物不缺，但卻因貪得無厭，以致在大庭廣眾之下，當著太后的面出了醜、失了顏面，結果是不無所得並招來訕笑，較諸崔光的磊落表現，則貪婪與清廉之間，恰成為一種鮮明的對照。由來取捨之道，須善拿捏，崔光之所以獲致滿朝文武的佩服，正說明了「有捨方有得」的至理。

君舉必記／誅心之論

貞觀中，太宗謂褚遂良曰：「卿知起居注記何事？大抵人君得觀之否？」遂良對曰：「今之起居，古之左右史，書人君言事，且記善惡，以為檢戒，庶乎人主不為非法。不聞帝王躬自觀史。」太宗曰：「朕有不善，卿必記之耶？」遂良曰：「守道不如守官，臣職當載筆，君舉必記。」劉洎進曰：「設令遂良不記，天下之人皆記之矣。」

——唐、劉肅《大唐新語》

好好解釋

貞觀 唐太宗李世民的年號，時間在西元六二七至四九年間。

褚遂良 唐代錢塘人，字登善，博涉文史，為太宗所重，累官中書令，直言敢諫，多所嘉納。

起居注 官職名，掌侍皇帝之起居與後記述其言行者。此相當於周代之左右史；而左史與右史均為周代之史官，前者記述行動，後者記述語言。

載筆 記錄。

劉洎 唐江陵人，字思道，貞觀中為尚書右丞，累官銀青光祿大夫。

設令 即使。

教你看懂

在貞觀年間，唐太宗有一次問褚遂良說：「你知道起居注都記錄著那些事情嗎？而大抵上來說，皇帝是否也可以查閱這些記錄呢？」褚遂良回答說：「現時的起居注一職，相當於古代的左右史，專責編寫帝王的言行，且好壞都要記載，以作為檢視與警戒，其目的是讓他不致非法胡為。不過，尚未聽說有帝王會去親自觀看那些記錄。」唐太宗再次問他說：「如果我有不對的地方，你也一定會記錄下來嗎？」褚遂良說：「遵奉人倫之常道，不如恪守官職，我的職責本就是記述，故萬歲爺的言行，必然要如實記載。」在旁的朝臣劉洎，接著話題說：「即使褚遂良不予記載，但天下其他的人，也都會一一記下來。」

你要明白

文天祥的《正氣歌》，讀過的人必然不在少數，顧名思義，其宗旨自是在展現那「沛乎塞蒼冥」的正氣，為此文天祥明顯列舉了十二個歷史人物做為典範，首先兩位便是「在齊太史簡，在晉董狐筆」所指述的史官，他們因分別直書「崔杼弒其君」與「趙盾弒其君」而被殺，但卻贏得孔子的讚譽與後世的敬仰，可見作為史官或史學家的根本精神，就在於記錄歷史必須要真實。

我們故事中的褚遂良，基於職責所在，當然是要將皇帝的日常言行，一一秉筆直書，否則便有違官守，所以他在與唐太宗的對答之間，所表現出來的也只是盡其本份而已。但有個問題卻很值得推敲，那就是唐太宗為何那麼關心甚至擔心別人對他的記錄呢？作為開創貞觀之治而被後世奉為賢明君主者，平素本應注重檢點言行，這固然是理由之一，但我們別忘了，發生在公元六二九年六月四日的「玄武門之變」曾引發後人對李世民的爭議，一個代表性人物朱熹，更是直指唐太宗「殺兄劫父代位」，或許當年那玄武門骨肉相殘的喋血奪權之舉，才是太宗揮之不去的陰影，而唯恐有人作誅心之論吧。

如今是民主時代，國家元首非但是公眾人物，更是一位公僕，其一言一行，往往被置於放大鏡下來檢視，加上科技先進與傳媒發達，再想要隻手遮天、為所欲為，幾乎是不可能的事了，當年的「水門案」使得尼克森黯然下台，而「深喉嚨」的真相也終於在不久後公諸於世，可見歷史真相終歸是紙包不住火，這正應了那句話——若要人不知，除非己莫為。

據法廷爭／節操為上

徐大理有功每見武后將殺人，必據法廷爭。嘗與武后反復，詞色愈厲，后大怒，令拽出斬之，猶回顧曰：「身雖死，法終不可改。」至市，臨刑得免，除為庶人。如是再三，終不挫折。朝廷倚賴，至今猶憶之。

——唐、劉餗《隨唐嘉話》

好好解釋

徐大理有功 大理，為大理寺卿的簡稱，屬職掌刑法之官名。徐有功，唐代河南人，名弘敏，以字行，當酷吏橫行期間，他執法獨任平恕。

廷爭 在朝廷上對皇帝諫議。

反復 在此指反復不停地爭議。

市 市場，古時選在鬧市行刑。

除為庶人 削除原有官職，貶為普通百姓。

教你看懂

徐有功身為大理寺卿，執掌刑法之職，每每見到武則天將要殺人的時候，必定依據法理，在朝廷上對她有所諍諫。某一次，他又與武則天反復不停地為刑案爭議，且毫不假以詞色，以致讓武則天勃然大怒，叫人將他拖出去問斬，縱使到了這種「要命的」關頭，他仍然轉身向武則天說：「就算我人死了，但國法終究不可以改。」押赴刑場後，直到行刑的前一刻，才獲得免去一死，但被削除官職降為平民。類似於這種情形的事，曾多次發生，但他始終都不肯妥協。由於他的這種正直與剛毅，所以朝廷對他很倚賴，至今猶懷念不已。

你要明白

按辭典解釋，官吏之嚴刑峻法酷虐其民者，謂之酷吏；而作為正史列傳之一，《酷吏傳》則自《史記》才開始，之後的《漢書》、《後漢書》、……《唐書》、《金史》等，每一個朝代都有相關的紀錄，可見在我國數千年的封建統治中，人們是如何地在暴政下遭受荼毒。

唐朝兼具有后妃與外戚的禍患，可說是酷吏橫行的典型時期之一，著名的成語「請君入甕」，其原本的故事就是指酷吏來俊臣，擁報復的方式，以炙甕逼供的非人道刑罰，用來對付始作俑者的酷吏周興。

不過，縱使是在如此殘暴的年代裡，朝中仍有少數正直、剛毅之士，為了人道與國法，敢於據理力爭，本故事中的大理寺卿徐有功，就是一個代表。所謂「面折廷爭」，就是在描述忠心的大臣一心為著國家的治亂安危，置個人死生於度外，無懼於帝王淫威而抗顏激辯的情形，文章中的「詞色愈厲」，正足以說明了徐有功的這種耿介。

「螻蟻尚且貪生，為人豈不惜命！」這麼簡淺的道理，任何人都懂得。只是在古今忠勇之士的心胸中，卻把氣節與情操看得比生命還重要，尤其是為了國家與民族時，七尺之軀，已然微不足道了，因而《紅樓夢》第三十六回中有謂：「文死諫，武死戰。」志士之心，有如此者。

今日政治開明，社會民主，但大家都知道，民主必須建構在法治之下，才能真正朝向一個安和樂利的社會邁進。本質上來說，原故事雖是在說唐朝的歷史，但現在看來，仍有其時代意義——維護法治而消除人為專斷，是社會進步的動力與表徵。

還銀／胸中有正氣

范文正公仲淹，少貧悴，依睢陽朱氏家，常與一術者遊。會術者病篤，使人呼文正而告曰：「吾善煉水為白金，吾兒幼，不足以付，今以付子。」即以其方與所成白金一觔封誌，內文正懷中，文正方辭避，而術者已絕。後十餘年，文正為諫官，術者之子長，呼而告之曰：「而父有神術，昔之死也，以汝尚幼，故俾我收之，今汝成立，當以還汝。」出其方并白金授之，封識宛然。

——宋、魏泰《東軒筆錄》

好好解釋

范仲淹 北宋吳縣人，字希文，幼孤貧力學，舉進士，卒謚文正。

貧悴 猶謂貧困憔悴。

睢陽 縣名，南朝宋置，即今安徽省壽縣。

術者 術士之類的人，多謂道家之流。

白金 銀也。《漢書。食貨志》中載「金有三等，黃金為上，白金為中，赤金為下。」實即依次為今時所稱的金、銀、銅。

方 在此指形諸文字的方術。

一觔 即一斤。

諫者 官名，即諫議大夫。

而父 即你父。

神術 神奇的道術。

封識 與前文之封誌同義，意指物品經由妥善之包緘。

教你看懂

范仲淹在少年時，由於家境貧困，曾寄養在睢陽的朱氏家中生活，這期間常與一位道家人士來往。有一次正碰上道者病重，他差人把范仲淹叫到病床前，告訴他說：「我精通將水銀煉成白金的方術，但我的兒子年紀尚幼，無法傳授給他，現在就交付給你了。」隨即以煉金的方單以及已經煉成的一斤銀子包封好，塞入范仲淹的懷中，范仲淹正要辭避時，那名道者隨即便斷了氣。這件事過了十多年之後，范仲淹已經做到諫議大夫的官職，這時道者的兒子也已經長大成人了，范仲淹就將他找來告知說：「你的父親懂得神奇的煉金術，當年他過世時，因為你幼小，所以交付給我收存，如今你已長成，自然理當還給你。」說完便交出方單與銀子，仍然是十幾年前的方緘，絲毫未曾拆動過。

你要明白

曾子在《論語・學而》篇中說：「吾日三省吾身：為人謀而不忠乎？與朋友交而不信乎？傳不習乎？」這是在告訴讀書人，每日必須自我反省的三件事。當然，由於這裡面也包含了一般為人處世的金科玉律，故其非僅只要求讀書人，試觀「士農工商」的後三者中，有多少人以「忠信」二字來命名，便可見是如何地受到世人的推崇與期許。北宋名臣范仲淹，以「先天下之憂而憂，後天下之樂而樂」的高尚情操而流芳千古，其來也必有所自，其去也必有所歸，載史固可查證，而由這則故事的情節，已然可見一斑了。一個因貧窮而寄人籬下的年青人，而對白花花的銀子與點鐵成金的方術，可以無動於衷，其忠信之心，使他能將故人所託原璧歸趙，若非胸中有正氣，如何能把持得住。

楊震／天知、地知、你知、我知

楊震，字伯起，弘農華陰人也。震少好學，年五十乃始仕州郡，歷任荊州刺史、東萊太守。當之郡，道經昌邑，故所舉荊州茂才王密為昌邑令，謁見，至夜懷金十斤以遺震。震曰：「故人知君，君不知故人，何也？」密曰：「暮夜無知者。」震曰：「天知，神知，子知，我知，何謂無知？」密愧而出。轉涿郡太守，性公廉，不受私謁。子孫常蔬食，步行。故舊長者或欲令為開產業，震不肯，曰：「使後世稱為清白吏，子孫以此遺之，不亦厚乎！」後為太尉，數上書斥言嬖倖，權寵切齒，眾共譖之，飲酖而卒，年七十餘。

——宋、費樞《廉吏傳》

好好解釋

楊震 東漢人，子秉，孫賜，曾孫彪，玄孫修。自震至彪，四世太尉，德業相繼，名門望族。

弘農 郡名，漢置。

華陰 縣名。

荊州 州名，治域代有變更。

刺史 官職名。

東萊 郡名，漢置。

太守 官職名。

昌邑 縣名。

茂才 即秀才，避光武帝劉秀之諱，改稱秀才為茂才。

涿郡 郡名，漢置。

太尉 官職名，秦置，漢因之，位等丞相，居三公之首。

嬖倖 寵幸褻近之人，貶義詞。

譖 背後不實的壞話為譖言。

酖 毒酒曰酖。

教你看懂

楊震，字伯起，是東漢時弘農郡華陰縣人。他自少便好學，直到五十歲才開始在州、郡部門做官，曾歷任荊州刺史與東萊太守等職。當他赴郡上任時，途中經過昌邑縣，縣令是他以前所推薦的荊州秀才王密，在落腳處謁見他之後，王密到了夜間帶著十斤黃金要送給他。楊震說：「老朋友我是了解你的，你卻不了解我這個老友，這是什麼道理？」王密回答他說：「夜這麼深，沒有人會知道此事。」楊震接口說：「天知，神知，你知，我知，怎能說是無人知呢？」聽了這話，王密羞愧地離去。

後來，楊震轉任涿郡太守，為官公正廉明，不接受別人的私下謁見；子孫的飲食都很節儉，行則安步當車。曾有故舊長者，勸他購置產業，他始終不肯，並說：「我這樣做而能使得後世稱為清白吏，將此家風遺傳給子孫，不是更好嗎？」不久之後他官至太尉，數度上疏皇帝，斥言那些不肖的近寵，這讓那些權貴們為之切齒，因而共同迭進讒言，楊震最後自己飲下毒酒而死，這時已經七十多歲了。

你要明白

《史記．魏世家》有所謂的：「家貧思良妻，國亂思良相。」當我們的社會為黑金問題爭吵不休時，大眾自然會緬懷起昔日的清操之士，而在自古以來的清直大臣中，廣受欽仰的楊震，無疑是位佼佼者，故此宋朝的范曄在《後漢書》中，為他作「列傳第四十四」。加之本文選自《廉吏傳》，可見楊震其人所受到的崇敬程度。

事實上，此則故事後來演變出不同形式的典故。例如「故吏金」或「報楊金」，是在借喻不義之財，源自楊震所拒收的王密遺金；又如「慎四知」，則顯然是在期盼人們要為官慎廉。至於成為一般口語化的「四知（天知、地知、你知、我知）」，當然也由此而來。

國家與社會的財富是有限的，但人們貪念卻是無窮的，如果為官者，無法自內心克制貪婪，則積漸寖廣，國家的財政非被拖垮不可，而世風終必頹不可挽，如此下去，國將不國，試問一時中飽私囊的人，又怎能長保其子孫後代的富貴榮華？

剛峰宦囊／不怕死，不愛錢，不結黨

都御史剛珠海公，卒於官舍，同鄉宦南京者，惟戶部蘇民懷一人。蘇檢點其宦囊，竹籠中俸金八兩、葛布一端、舊衣數件而已。如此都御史，那可多得！王司寇鳳州評之云：「不怕死，不愛錢，不立黨。」此九字斷盡海公生平，即千萬言諛之，能加於此評乎？

——明、周暉《金陵瑣事》

好好解釋

都御史剛珠海公 都御史，官職名，明洪武十四年，改都察院為御史臺，翌年更設左右都御史；海瑞，字汝賢，號剛峰，明代瓊山人，官至南京右都御史，生平為官治事，以清廉剛直著稱。

宦囊 在此喻居官時所遺之財產。

葛布 用作夏衣的布。

一端 布帛長一丈六尺曰端。

司寇 官職名，西周始置，主管刑獄等事；後世俗稱刑部尚書為大司寇，侍郎則稱少司寇。

教你看懂

都御史海瑞，死於他任職時的官舍中，這時在南京做官的同鄉友好，只有戶部的蘇民懷。當蘇民懷為他清點所遺留下來的財物時，發現竹籠中只有八兩俸銀、一端夏布、幾件舊衣服而已。如此清廉的都御史，真是難得。刑部的王鳳州司寇評價他說：「不怕死，不愛錢，不結黨。」這九個字可說是對海瑞生平的最佳論斷，縱使用千言萬語來對他阿諛奉承，又豈能超越這九字之評。

你要明白

對中國過往的仕途，世以「文官不愛錢，武官不怕死」這兩句話，來期盼並讚譽處身其間的人物，認為唯有這樣，吏治才能清明，社會才能健康，國家才能強盛。毫無疑問，這兩句話所衍生的邏輯與導致之結果，亦同樣適用於今日的官場與社會，且不因中外之國情不同而有所差異。極其困擾的是，愛錢與怕死，兩者皆是人性的本能所在，要想全然不予計較，自屬說來容易做時難，絕非常人所可企及。不過，在芸芸眾生中，總有那麼幾個出類拔萃之士，他們的表現，就和世俗者迥異，著名的歷史人物海瑞，一如我們從故事中所看到者，確實是非常難得，無怪乎能贏得當時與後世的一致好評。

尤其海瑞除了不愛錢與不怕死之外，還是個絕不結黨營私的人。換言之，他既寄身公門，便一切都大公無私，所謂「大夫無私交」，這顯然是一種大臣的風範。

誠如原作者周暉所說，再也沒有比王鳳州那九字更貼切的語言，可用來評斷蓋括海瑞的生平了。

損捧築城／清廉父母官

國朝汪汝達令黃岩，損捧築城，寇至而民不驚。歷官二十餘年，清操皎然。去浙之日，屬吏致罰鍰，曰：「此例所應得。」汝達驚曰：「居官自常捧之外，尚有應得者耶？」竟不受。家甚貧，至無以供朝夕，舉棲身數椽鬻之。黃岩士民知其貧，醵八十金聞於官，郵致之，適遇病卒，遂以為殮。

——明、鄭瑄《昨非庵日纂》

好好解釋

國朝 因作者為明代人，故此指明朝。
令黃岩 做黃岩縣令。
損捧 減損薪捧。

屬吏 所屬官吏。
舉 將、把。
數 幾間房子。

醵八十金 湊八十兩銀子。

聞 上聞（報告）。

郵致 郵寄、郵送。

教你看懂

明朝汪汝達做黃岩縣縣令時，曾扣減自已的薪捧用來築造縣城的牆，故後來流寇作亂時，縣民都未受到驚擾。他擔任縣令二十幾年，操守清白皎潔。當他離開浙江黃岩的任所時，部屬送來官署平常所徵收的罰款，並對他道：「這是你援例該得的。」他聽完吃驚說：「做官除了日常薪捧，難道還有應得的外快？」於是一文不受。

由於他家中很窮，故退休後，一度曾困苦到三餐不繼的地步，他只好將自已的棲身房屋賣掉。這些事情後來傳到黃岩縣老百姓的耳中，知道了他的窘況，因此大家湊了八十兩銀子，報告官府並且郵寄給他，不幸的是，這時正好碰上他病逝，於是這筆金錢便用來作為他的殮葬費。

你要明白

在歷史上為官清廉的人為數不少，大多留名青史受到受人的景仰。但歷史上貪官污吏的比例卻數百倍於清官，因此更加凸顯了清官的可貴。所謂的縣令就像父母官一樣，故事中的汪汝達，能在為官期間做到一介不取、一分不貪，甚至減扣自己的薪水也要為民謀福的事蹟，無怪乎能在告老退休之後依然受到縣民的關注。

為官最忌諱的就是貪汙，即便是在民主的現代，放眼全球，真正能夠做到不貪污的官員真的如鳳毛麟爪，總統貪汙的事情屢被爆出來，菲律賓、韓國、法國、南美國家……等等多不勝數，更何況上樑不正下樑歪，其屬下貪汙的數量與金額恐怕難以計量。所謂風行草偃，高風亮節的清廉官員，尤其應該受到褒揚與鼓勵。

鬻物賑荒／清官獲建生祠三里亭

前任寧海州司馬龔君大良，浙之仁和人，佐州治。值歲歉，穀涌貴，民不得食，指州求貸。格於例，不許。乃相率而求龔君，龔君曰：「管鑰非吾所司，然若皆吾赤子，忍視若死而不救歟？」商諸州長，不果發。龔君曰：「願將管鑰付我。民能償，固善；不則擅發之罪，以身殉之。」乃發粟如干石貸貧民，民賴以活。州長聞諸上官，龔君亦以徵還自任。

會歲復不豐，償者少，州長以惠不已出，請參賠。龔君故貧不能償，乃鬻裘與釵珥為代償計，而富紳倡義得合尖。上官嘉其賢，荐知膠州。去之日，百姓扶老攜幼，攀留百里；立碑署左，建生祠三里亭，至今香火不絕。時康熙四十三年也。

——清、徐崑《遯齋偶筆》

好好解釋

寧海 州名，在山東境內，民國後改縣。

司馬 官名，明清兩代稱州同知為司馬。

仁和 縣名，清時屬浙江杭州府。

歲歉 該年農作物收成極少。

然若 然而你們。

不果發 發放未成。

如干 若干。

徵還 徵收歸還。

參賠 參奏賠償。

故貧 原本就貧窮。

得合尖 造塔到最後完成其尖頂謂之合尖，世因借用為終其事之語，在此作「得以湊足償還數目」之意。

荐知膠州 推荐為山東膠州的知州。

署左 官署為其所建生祠的名稱；「三里」在此有出處，《孟子．公孫丑》中載有：「三里之城，七里之郭。」故表滿城百姓感激不忘之意。

教你看懂

前任寧海州的司馬龔大良先生，是浙江仁和縣人，佐理州治事務。有次遇上荒年，農作物歉收，因而稻穀騰貴，百姓無以為生，故到州政府請求借貸，但礙於制度條例，請貸不獲許可。當民眾轉而向龔大良求助時，他對民眾說：「管理糧倉，不是我職責內的事，然而你們都是我的好子民，又怎能見（你們活活餓）死不救呢？」於是他與州長商量，但州長先是不贊成，後來龔君說：「請你將借貸的責任交給我：到時候民眾若能償還那是再好不過；否則擅自發放的罪責，我自以性命作擔保。」最後，爭取到糧食若干石貸給貧苦的人，使這些人賴以存活。州長將此事報告給上官知道，報告中載明龔大良自願負起徵還借貸的責任。

誰知第二年的收成仍然不好，所以能夠償債的人很少，州長認為原先的主意不是他出的，故而向上官參奏要龔大良賠償。由於龔大良本來就貧窮，他只好將僅存的冬衣與手飾變賣掉，用來作為代民眾償還借貸的糧債，幸好得到富紳們的義助，總算共同湊足了應該償還的銀錢數目。上級長官知道了這些經過，認為他很賢明，於是推荐他去做膠州知州。當他離開寧海時，民眾們扶老攜幼，沿途攀談挽留，隊伍長達上百里。後來，民眾在他（原先）官署的左側立下石碑，又為他建造生祠三里亭，祠中的紀念香火，至今依舊不絕。這是康熙四十三年的事情。

你要明白

中國疆域遼闊，東南跨越南北，相距可說是天高路遠，加上古代交通不便以及各省之間在語言、氣候與風俗等各方面的差異，故一般從政者，常視遠道居官為畏途。事實上，歷代都有因做官而離鄉背井、水土不服以致客死異地的傳聞，有的甚至是後事淒涼。也因此，在過去的官場中，便流行有「千里居官只為財」的說詞，意指遠道跋涉而去到環境陌生之地做官，受盡風霜之苦，全都是看在錢的分上。

為而，這個世界上什麼樣的人物都有，以上述故事中的龔大良而言，體恤民眾的疾苦，他非但不好財、貪財，而且心甘情願地自掏腰包為百姓謀福祉，這豈是一般人所能做到的？更豈是那些滿腦子「只為財」的官吏所能想像？

如果一個為官之人能夠事事、處處與時時、刻刻都在為民眾著想，而且心口一致、表裡如一，老百姓又怎能不對他感激涕零與敬愛有加？可惜的是，古今中外都不多見這種人，求之於此時此地，尤如沙裡淘金。

遺譏九泉／是非公論，自在人心

有舊家子夜行深山中，迷不得路，望一巖洞，聊投憩息，則前輩某公在焉，懼不敢進。然某公招邀甚切，度無他害，始前拜謁，寒溫勞苦如平生，略問家事，共相悲慨。因問公佳城在某所，何獨遊至此？某公喟然曰：「我在世無過失，然讀書第隨人作計，為官第循分供職，亦無所樹立。不意葬數年後，墓前忽見一巨碑，螭額篆文，是我官階姓字，碑文所述，則我皆不知；其中略有影響者，又都過實。我一生朴拙，意已不安，加以遊人過讀，時見譏評，鬼物聚觀，更多姍笑，我不耐其聒，因避居於此；惟歲時祭掃，到彼一視子孫耳。」士人曲相寬慰曰：「仁人孝子，非此不足以榮親。蔡中郎不免愧詞，韓吏部亦嘗諛墓，古多此例，公亦何必介懷？」某公正色曰：「是非之公，人心具在，人即可誑，自問已慚，況公論俱存，誑亦何益！榮親當在顯揚，何必以虛詞招謗乎？不謂後起者流，所見皆如是也。」拂衣竟起。士人憫憫而歸。

——清、紀昀《槐西雜志》

好好解釋

舊家子 猶言世家子弟。

佳城 稱人墓地曰佳城。

螭額 螭，猛獸名；額，上緣；螭額在此指墓碑的額緣，是由狀似猛獸的圖案刻而成。

略有影響 扯得上關係。

蔡中郎 指東漢人蔡邕。

韓吏部 指唐朝的韓愈。

諛墓 替人撰墓誌而誇大其辭者。

拂衣 振衣之謂，凡人欲起行，必先振其衣也；而在此猶言拂袖，隱含有不悅的意思。

教你看懂

有個世家子弟，在深山中夜行迷路，望見一處崖洞，便想暫且休息一下，但因看到一位已逝世的前輩在內，所以嚇得不敢進去。然在這位前輩熱切的招呼邀請之下，他猜測無大害，所以就上前見禮，一如平常那樣彼此寒喧，談到家事近況，相互慨嘆不已。言談中世家子弟問說：「您的墓地應位於某某所在，為何獨遊來此？」那前輩感嘆地說：「我在生時沒有什麼過失，但讀書時只是隨人家學樣，而從政時也只是安職守分，所以並沒有什麼建樹。未料埋葬數年後，墓前忽然多了一塊巨大的石碑，其額緣君以螭雕，正面則為篆刻，除了我的官階姓名外，碑文中的其餘所述說的內容，我全都不知道；即使有些扯得上關係的，又都過份誇大失實。我一生老實笨拙，內心已不自安，加上遊人路過時讀及碑文，每每發出譏評，更多所恥笑，我不能忍受這種種聒噪，因而避居在此；只是在逢年過節的祭掃時刻，才會到那裡去看看子孫罷了。」世家子弟用委婉的語氣，寬慰他說：「仁人孝子，不這麼做便無法融要先輩。試想東漢的蔡邕，免不了有不實的愧詞，唐朝的韓愈，也同樣有諛墓之作，自古以來，這些情形十分常見，您又何不釋懷呢？」那前輩嚴肅地接口說：「是非公論，自在人心，就算騙得了別人，捫心自問時也會覺得羞愧，何況公論俱存，騙又有何益！要使親長榮耀應靠自己建立功業來顯揚，何必用假話欺人反招來譏謗呢？想不到你們這些後輩的見識，竟然都是如此。」說完話，拂了拂衣服就逕自離去；剩下世家子弟，滿懷悶悶不樂地回了家。

你要明白

「文人無行」，這是一句貶義甚重的譏責語，用指操觚之士，挾其生花之筆，往往為了一己之私，以顛倒是非的文字來混淆事實乃至加害他人，致使損及自己的德行。被譽為「文起八代之衰」的唐朝大文學家韓愈，很不幸在其生命史中留下了一項小小的污點，那就是他曾經為了金錢，以不實的文字替人撰寫墓誌，過譽事實上並非如此的墓中人，後世揶稱為「諛墓」。從供需關係的角度來看，既然有人肯出賣文字以諛墓，就必然存在有亟須他人為之諛墓的買主，這就涉及到國人好面子的個性，以及相沿成習的喪葬文化。大多數的這類情形，至今仍存留在我們的社會中。

但真的假不了，假的真不了。這就像故事中所述及到的情節，為人子女者，若是想藉諛墓的方式來為先人爭面子，則其結果是「遊人譏評，鬼物姍笑」，徒然令先人遺憾九泉之下，倒不如實實在在地做事，方方正正地為人，這才是榮親盡孝的不二之道。

讓我們十分感慨的，至今社會上仍存有這種不良文化。所謂「生為桀紂，死皆聖賢」，似乎「某人」只要一過世，那怕他生前明明是為非作歹的人，但死後總是要大事褒揚一番，不時從電視螢幕上，我們可看到「某某角頭老大」喪禮中那些「備極哀榮」的畫面，偶爾還出現了眾多要人們所題的輓聯與祭幛。噫！人情耶？世情耶？

第四課

感恩之人最富足

為姊煮粥／姊弟情深

英公雖貴為僕射，其姊病，必親為粥，府燃輒焚其鬚。姊曰：「僕妾多矣，何為自苦如此？」勣曰：「豈為無人耶！顧今姊年老，勣亦年老，雖欲久為姊粥，復可得乎？」

——唐、劉餗《隨唐嘉話》

好好解釋

英公 此指唐朝李勣。其人本性徐，名世勣，字懋功；後以功封英國公，並賜姓李，復因避太宗諱，故單名勣。

僕射 官職名。在唐朝李世民時代，此官為事實上的宰相，故唐代的僕射有「師長百僚」之稱。

教你看懂

英國公李勣，雖然貴為權傾滿朝的僕射，但在他姊姊生病的期間，一定要親自動手為她煮粥，以致於鍋灶下的柴火，往往燃燒到李勣的鬍鬚。看到這種情形，姊姊便對他說：「家裡頭多的是僕人侍妾，你何必要自己辛苦到這種地步呢？」李勣回答說：「這不是因為沒有人，而是姊姊年邁，我也慢慢老了，就算以後我想長期為姊姊煮粥，恐怕機會也不多了。」

你要明白

所謂「長兄為父，長姊為母」，這句話，其本意反映出在古老的純樸社會中，一個作為長子與長兄者，在家庭中所扮演的角色與使命。當然，諸事萬物，尤其像人際關係這方面，講究的是相對與互動，故我們耳熟能詳的「父慈子孝」、「兄友弟恭」等等，無一不是在說明人倫之間，相互對待所應具有的典範。

本文所介紹的小故事，雖然文字不多，但通篇所洋溢出來的姊弟情深，是那麼的溫馨、感人。在一般的社會新聞中，我們今日雖說仍可不時看到「相依為命」的故事，但須知「共患難易，共享樂難」，又有多少「因成功而分手」的事例不為我們所知呢？而故事中的李勣，可謂位極人臣、富極貴極，但侍奉姊姊事必躬親，這就尤其顯得難能可貴了。

楊彪／老牛舐犢

彪見漢祚將終，遂稱腳攣不復行，積十年。後子修為曹操所殺，操見彪問曰：「公何瘦之甚？」對曰：「愧無日磾先見之明，猶懷老牛舐犢之愛。」操為之改容。

——南朝宋、范曄《後漢書》

好好解釋

楊彪 後漢華陰人，楊賜之子，楊修之父，字文先，博習舊聞，獻帝時拜太尉；後魏文帝（曹丕）立，欲拜為太尉，固辭，乃賜之几杖，待以賓禮。

漢祚 漢朝的國運。

腳攣 腳抽筋。

日磾先見之明 此指一則往事，謂金日磾惡己子之淫亂，忍痛自殺其子，見《漢書．金日磾傳》。

舐犢 原意是指老牛用舌來舔小牛而表達愛顧的一項動作；惟此一故事之後，轉喻為世人對其子女之愛。

教你看懂

楊彪眼見漢朝的國運即將走到盡頭，因此以腳疾為由不再過問政事，這樣歷經了十年之久。後來其子楊修被曹操所殺，某一次曹操碰見楊彪時，問他說：「你為何瘦得這麼厲害？」楊彪回答說：「我沒有金日磾那樣的先見之明，實在很慚愧，但像老牛般的舐犢之愛，卻時刻在我心懷。」聽了這話，曹操不禁為之動容。

你要明白

老牛舐犢，既是一則典故，也是一句成語，其典源就來自本故事，相信受過國民義務教育的人，對此都不會感到陌生。當然，我們現在來介紹它，其目的絕非只是解釋成語而已。

在《三國演義》的第七十一與七十二回中，作者羅貫中簡要卻生動地描述了，曹操殺其手下主簿楊修的前因後果，緣由乃在於楊修對曹操想法都能預先知道，導致曹對楊修的憎惡，而以「亂我軍心」之罪將他斬首於轅門外，可謂「楊因才喪命，曹因忌殺人」。

愛子在如此情形下遭到梟首示眾的楊彪，其內心的沉痛與哀傷，可想而知，然而面對曹操這樣的奸雄貌似關切的表面垂詢，也只能委婉地用比喻的方式來訴說自己的心痛之情。須知《三國演義》雖然是稗官野史，但《後漢書》卻是正史，綜合這二本書中所記載的事情經過，因而坐實了曹操的千古罵名，這就是在國劇節目中，曹操為何總是以大奸嘴臉出現的原因。

父母對子女的至愛，用現在的話來說，那真的是「無怨無悔」，雖然這只是時下的流行語，但實際上這四字並不足以形容父母對子女的愛。由於那雙「推動搖籃的手」，長久以來就被世人所謳歌，母愛之偉大無需在此贅述，倒是比較上說，古今來道盡父愛的文章，就相對地比較少。

自古以來都說「嚴父慈母」，因而歷來父親的形象就顯得剛肅而不夠慈靄可親，但其至愛的深情，與慈母並沒有什麼差異？故事中的楊彪自屬一例，巧的是與楊彪同一時期，有一位王修，曾被曹操任命為司空椽，其子王忠後來官至東萊太守，而在王修的一封「戒子書」中，文末所寫的，竟然有「父欲令子善，唯不能殺身，其餘無惜也」這麼感人肺腑的話，若非愛之深而望之切，措詞安能如此！

相較於古文中的上述兩例，也許近代文學家朱自清的「背影」一文，更能引發讀者的心靈共鳴，由於該文多年來收錄在國文教科書中，且用白話散文的形式來描述，使人有倍加貼切之感，難怪被大家公認為，這是一個誠摯而動人的故事，也是一篇至情至性的文章。

陶侃母／一位母親的教誨

陶公少時作魚梁吏，嘗以坩鮓餉母。母封鮓付使，反書責侃曰：「汝為吏，以官物見餉，非唯不益，乃增吾憂也。」

——南朝宋、劉義慶《世說新語》

好好解釋

陶公 陶侃，晉朝鄱陽人，徙家潯陽。早孤貧，後官至征西大將軍；在軍四十餘年，雄毅明決，聲威卓著。

魚梁 堰水為闗孔以捕魚之處也。

嘗 曾也。

坩 裝物之土器。

鮓 與鮓同。藏貯魚也。

餉 送食物給人。

反書 回信。

教你看懂

陶公年輕時，作管理魚務的小官，曾有一次派人將一罐腌魚送回家中給母親吃。他母親打開土罐觀看後，就仍舊將罐子封好交付來人帶回去，同時並回信責備陶侃說：「你是一個官員，現將公家的東西送給我吃，這樣做不但（對我）無益，反更增加了我（對你）的憂慮。」

你要明白

短短的四十一個字，就表明了一位形同嚴父的慈母，是如何地關切自己兒子的操守問題。這不但展現了陶母的明事達裡，更從其義正詞嚴的責備中，我們不難想見陶侃後來的事業成功，與他年輕時所受的母教是有絕對性的關係。

事實上，陶侃之所以成為名臣，的確是與其母教分不開的，故《晉書》中載有「陶侃母湛氏傳」，其來有自。

紫荊樹／本是同根生

京兆田真兄弟三人，共議分財，生貲皆平均。惟堂前一株紫荊樹，共議欲斫三。明日就截之，其樹即枯死，狀如火然。真往見之，大驚，謂諸弟曰：「樹木同株，聞將分斫，所以顦顇，是人不如木也。」因悲不自勝，不復解樹。樹應聲榮茂，兄弟相感合財寶，遂為孝門。真仕至大中大夫。

——南朝梁、吳均《續齊諧記》

好好解釋

京兆 一般稱京都為京兆，在此指長安一帶的京兆郡。

田真 漢朝人，為田廣、田慶之兄。

生貲 生活用品與財貨。

斫 砍劈。

明日 第二天。

火然 然，通燃；火然，猶謂火燒過。

顦顇 與憔悴同。

解 鋸開的意思。

大中大夫 秦漢時代官職名，位在中大夫之上。

教你看懂

京兆郡的田真兄弟三人，有一天共同商議分家，所有的生活用具及財產都均分完畢後，就只剩下堂屋前的一顆紫荊樹了，大家說好將樹一分為三，預備次日再去砍劈。誰知到了第二天要動手的時候，竟然發現那顆紫荊樹已經枯死了，就好像被火燒過那樣。田真去時看見，心中大驚，覺悟地對兩個弟弟說：「樹木同株生長，聽我們說要將它劈成三塊，所以就焦枯了，如此看來，我們兄弟三人反倒不如這顆樹木。」說完後不勝其悲，大夥也就不再想要分樹了。隨著話聲一停，那紫荊樹立即變得茂盛起來，兄弟三人感動之餘，便把已經分割開的全部財物再聚合起來，大家共同生活在一起，成了一個孝悌之家。到後來，田真還在仕途上做到大中大夫的官職。

你要明白

俗諺中有謂：「三人同心，黃土變金。」團結才有力量，這是連小朋友們都懂得的道理。但遺憾的是，許多事情都是說時容易做時難。

人與人之間不易團結合作，誠如上述俗諺中的言外之意，亦即不能同心，所謂「人心不同，各如其面」，更誇張些的形容，是說「十人之中有十一種意見」，即使關係再親密的人，往往也是同床異夢。

毫無疑問，造成人們相互失和的重大因素之一，就是存在於彼此之間的金錢糾葛，由於人性偏私，誰都不想自己吃虧，結果必然是一陣你爭我奪，最常見的是分家析產的問題，往往出現兄弟鬩牆而對簿公堂，甚至大打出手的場面，一般家庭固然如此，豪門之中尤其是這樣。

本故事中的情節，當然帶有些神話色彩，但其主旨卻再清楚不過，無非是在奉勸世人，兄弟之間理該和舟共濟、手足同心，實在不必為了一些身外之物，最後演變成如曹植詩中「同根相煎」的情景，這在社會風氣丕變如斯的今日，尤其值得我們注意與省思。

長年術／有生之樂

蒲傳正知杭州，有術士請謁，蓋年逾九十，而猶有嬰兒之色。傳正接之甚歡，因訪以長年之術，答曰：「某術甚簡而易行，他無所忌，唯當絕色欲耳。」傳正俛思良久，曰：「若然，則壽雖千歲何益？」

——宋、陳正敏《遯齋閑覽》

好好解釋

長年術 長生不老之術。

知杭州 任杭州府的知府。

術士 方技之士，在此指道家之流，精於養生長壽之術者。

某 古文中對他人說話時的自我謙稱。

色欲 謂女色。

俛 同俯字。

教你看懂

蒲傳正在做杭州知府的時候，有一次來了一個術士請見，那人的年歲已經超過了九十歲，但面色卻如同嬰兒一般。兩人談得非常投機，傳正於是向他探訪長壽之道，術士回答說：「我的方法十分簡單而易做，別的方面沒有什麼需要禁忌的，唯獨不可接近女色罷了。」傳正低下頭思索了很久，最後說：「如果是這樣，那麼即使是活上一千歲，又有什麼益處呢？」

你要明白

就歷史的縱觀而論，伴隨著時光之箭所上演的「生、老、病、死」，是所有生命體必然經歷的步調與軌跡，這原屬大自然的常規、造物主的鐵律。但在林林總總的宇宙萬物之中，唯有「人」這個萬物之靈，具有高度的智慧與無限的想像；在體驗到「有生之樂」的滋味後，人們於是便想盡一切辦法冀求長生不死。

從嫦娥奔月的傳說，到徐福奉秦始皇之命東渡蓬萊的故事，「不死之藥」在古代所給予世人的誘惑力之大，是可以想見的。即使是到了今天，將被視作為二十一世紀知識主流的生物科技，其發展蓬勃與競爭激烈的研究主題之一，便是對生命的「複製」與加長；由於複製羊「桃莉（Dolly）」在一九九七年年初的成功面世，全球對未來的「複製人」便有了無限的憧憬。所有的這一切，無一不在說明世人對「長生不死」的極力追求，我們故事中的人物蒲傳正，自然也存有這種類似的期望。

然而從社會的橫向來說，人生中自有其悲歡離合，人性中亦有其七情六慾。如果將「悲歡離合」與「喜怒哀樂」從我們人生中完全抽離，那麼，生命的存在就變得毫無意義了。

鞭打之德／戴恩十餘年如一日

新昌呂光洵之父，豪於鄉，縣令曹祥扶之，卒為善士。曹祥，太倉州人也。光洵為御史，按太倉，謁祥。祥已忘前事，光洵與其故，祥不自得。光洵曰：「微翁，吾父安得改行善？奇後，蓋戴恩十餘年如一日也。」留竟夕譚，乃去，且厚贈之。

——明、朱國禎《湧幢小品》

好好解釋

新昌 縣名，位今浙江省內。

呂光洵 明朝新昌人，嘉靖進士，官至御史、右都御史、工部尚書等職。

豪於鄉 稱霸鄉里。

抶 笞擊。

太倉州 及今江蘇太倉。

微 若非，要不是。

竟夕譚 譚通談；竟夕譚在此指相談甚歡。

教你看懂

新昌縣呂光洵的父親，早年橫行鄉里，有一次曾受到當時縣長曹祥一頓狠狠的鞭打，最後終於變成了一位善士。曹祥雖任新昌縣令，但他是江蘇太倉州人；故後來當呂光洵貴為御史而到太倉巡察時，某天便親自來拜訪曹祥。這時候的曹祥早已經忘卻前事，在呂光洵細述了原委之後，曹祥當然顯得很不自在；然而呂光洵卻對曹祥說：「要不是老先生您，我父親又怎麼能改過行善？事實上在遭受鞭打之後，他十幾年來一直在感戴您對他的恩德。」於是尷尬消除，兩人高興地談了一個晚上，第二天呂光洵辭去時，還贈送了曹祥一筆厚禮。

你要明白

這是一則頗堪玩味、進而在咀嚼之餘卻極為發人深省的故事。尤其是在社會亂象日增的今天，是非判斷的「混淆不清」與價值標準的「各自表述」，都帶給人們極大的爭端與困擾；撇開政治上與政策性的議題不論，單就「刑法」方面來說，本故事中便提供了值得我們探討的地方。法中有罰而罰中又含刑，刑責為罰則中之最為負面者，重者可致人以死，輕者亦可以使人失去一時之自由，故世人皆不欲妄自觸犯刑法，自屬珍惜生命與追求自由之人性必然。而在古時的刑法中，最常見者之一，便是笞擊（鞭打），皮肉之痛固不待言，受刑者在人格上與心靈中所遭受的恥辱與創傷，尤非局外人所能理解。

既如上述所言，則對一個不明事理的受刑者來說，由於切膚之痛，其不視執法人如仇寇者非常少！有朝一日至主客易勢，則當初受刑者必將大肆予以報復。蓋其心理層面上只有怨恨而無法律，一切但求快意恩仇而已。若果真盡皆如此，則誰敢成為執法之人？而司法豈非蕩然無存？

但這則故事中所描述的情節，則恰恰相反。呂光洵之父雖被曹祥鞭打，然因勇於自省，故無怨懟之心，蓋其深知施刑者實係「法律」而非「曹某」，因而才能改過遷善。不難想見，他若未能改善而成為惡，就不可能培養出後來貴為御史的兒子來，當他回首前塵，我們也就不難理解他心裡底層的「鞭打之德」。由於他的深明事理與勇於遷善，非但為其一家一姓光耀門楣，更以「載恩十餘年如一日」之舉，在歷史上留下了千古美談。

賣菜李老／道法自然

蘇有賣菜李老者，一夫一婦，僦樓而居。獨李老一傭介乎其間，三十年唱隨如比翼，從不聞有詬誶聲。巷之中以病廢，以貧去，以富且貴死，不知凡幾，而傭之況如常。

四十餘得一女，繞膝下。晨妻女酣酣醺睡，李起，笠而跣，持一空挑子，出城外易菜數捆，如春韭秋瓜之屬盈筐篚，一週於市而青蚨入囊橐，盡一日度支。歸，日未晡，妻女方起盥焉。飯後則蹀躞山塘間，或啜苦茗，或飲薄醪。晚歸則小樓月上，李乃說荒唐雜劇，歡笑一時。真如生公坐石上，演大法乘；又如馬鳴大士，化毗羅婆，眷屬皆皈依也。

有富室某，諗李甚詳，遂重其人，乃曰：「李老一日不作，則一日不食。我願假多金，權倍蓰，則一勞可以永逸。」李曰：「我福薄，恐不能消受。」其妻聞之喜，慫焉。李為之動，領其資，於是持籌握算，碌碌不得安帖，雞鳴而起，日昃尚不歸，女見其憊，曰：「父何以不若前日之貧而樂也，非娛老計，請辭富而就貧。」李老不能納其言而卸肩焉，竟以勞病死，又無兒，可憫也。

吁，利之一途，其轉移之權益何甚！以李老三十年之雅操，尤且不能不改節於末路，遑問其他。

——清、曾衍東《漁洋夜譚》

好好解釋

蘇 指蘇州。
僦 租借。
傭 本指受雇於人，此借喻勞工階級。
唱隨 謂夫唱婦隨。
訴誶 吵罵。
笠而跣 頭戴斗笠，赤著腳。
一週 轉一圈。
青蚨 指銅錢。
度支 開銷。
日未晡 時未過午。
蹀躞 來回走動貌。
生公 指南朝梁代高僧竺道生，傳說他曾在蘇州虎丘說法，連頑石也為之點頭；故世有「生公說法，頑石點頭」之語。
大法乘 即大乘，講佛教義理的流派之一。

馬鳴 為印度佛教大師，先奉婆羅門教，嗣受佛理感化而皈依，廣弘大乘教義。
化 感化。
毗婆羅 佛家語之音譯，指僧房、精舍等佛教建築物。
諗 知悉。
假 借。
權 措置、操持。
蓰 五倍日蓰。
安帖 安適、妥當之意。
昃 正午後太陽偏西謂之昃。
吁 感嘆聲。
權益 猶言權利，謂威勢與貨利。
末路 此指晚年。

教你看懂

蘇州有一位賣菜的李姓老人，原先一夫一妻，租人家樓房居住。在其鄰近巷弄中，多為富貴人家，就只有李老這麼一個勞工階層的人，雜居在其間。兩夫妻三十年來非常恩愛，夫唱婦隨有如比翼鳥，從來就未聽見過他家有謾罵爭吵的聲音。時久日後，巷子裡的住戶，有的因老病而至房屋荒廢，有的因環境變窮而遷離，也有的富貴人家難逃天年所限而死去，但李老家中，則一如往常安然無恙。

老李在四十多歲時，方才有了一個女兒，跟在身邊團團轉。平常每日清晨，妻子與女兒尚在酣睡中時，李老便一早起來，打著赤腳戴著斗笠挑了一付空擔子去到城外，買了一些瓜菜之類，將籮筐塞得滿滿的，然後挑到街市上叫賣一圈，便賺到了足夠全家一日開銷的錢。回到家中時，尚未至午，妻子與女兒也剛起身梳洗不久。中飯後，李老會去附近散散步，或是喝喝茶，品品酒。到了晚間，則明月小樓，李老便大「蓋」一番，談古論今，逗得舉家歡笑。這種情形，真有些像是「生公坐在石上說法」，也像是「馬鳴置身精舍弘道」，結果使得妻女，都被他潛移默化了。

有一位富翁，非常了解李老，頗器重他的為人，有一次對他說：「像您這樣一日不作，便一日不食，不如我借點資金給您做做生意，希望能加倍牟些利，這樣就可以一勞永逸了。」李老婉拒說：「我知道自己福薄，就怕消受不起。」但他的妻子聽到這件事後，顯得很高興，就在身旁一再慫恿李老。最後李老動了心，便拿了富翁所給的貸款，開始精打細算地去做生意，終日忙忙碌碌，難得休息，每天雞一叫就起身，太陽下了山人還在外面奔波。女兒見他這樣勞累，就勸他說：「為什麼父親現在反而不像過去那樣，雖然貧窮卻過得快樂？你目前這種情形不是安享老境的好方法，倒不如回復從前的狀況吧！」李老沒有接受他女兒的勸告而放下身上的重擔，結果竟然以過度勞累而病死，死後又沒有兒子，說來真是可憐。唉！「利」這個東西，它轉移了世人意志的威勢與誘惑，真是太厲害了，以李老三十年來的那種清操，晚年尚且經不起引誘而變節，其他人就更不必說了。

你要明白

社會上常用「拼命賺錢」這四個字，來形容一個人為著某種目的而積極工作與埋頭苦幹，倘若其動機純正且方式與途徑又符合法、理，則這原本是一件值得鼓勵的事。不過，賺錢固然重要，拼命卻大可不必；因為生命無價，它當然比金錢更重要，二者相權衡，任誰也知道生命是最為寶貴的。然而不幸的是，偏偏有人往往就會「要錢不要命」難道這些人真的是不知道生命之可貴嗎？

當然不是，他們或許是因為貪婪所驅，或許是個責任所在，或許是心存僥倖，或許是偏不信邪等到結果以悲劇收場時，就非其始料所極了。

這則故事頗具人生哲理。由於行文較長，所以在故事中對李老的個性、家庭環境及其人生轉折，都交待得非常仔細而詳盡，從故事中，我們看到了一個原本與世無爭的清操長者，以及他那和樂融融的家庭，如何轉變成一個汲汲營營的田舍翁，最後導致人亡家破。《莊子．大宗師》篇中有謂：「其耆欲深者，其天機淺。」據此以觀李老的一生，可說是若合符節——他原先是耆欲淺（盡一日度支）故天機厚（歡笑一時；後來則變成耆欲深（持籌握算），於是天機淺（碌碌不得安生）；終至「天機淺之又淺」，逐使「生機絕。」

由美國社會學者Duane Elgin所著的《自求簡樸（Voluntary Simplicity）》，根據社會科學的研究方法，從東西方文化與各宗教學說中加以佐證，因而得到的結論指出：由於人類若干年以來對物資的極端追求，故使後工業時代的世界將可能遭受到種種危機，乃至爆發地球文明的浩劫；而人類自救的唯一途徑，便是實行簡樸的生活。書中的主旨，許多的地方與我國傳統的儒家與道家精神，尤其使老莊學說中的「道法自然」觀不謀而合。可見生命真諦中所追求的「外在簡樸而內在豐富」，原本是古今中外有識者皆信奉的哲理。

官癖／做官做上了癮

相傳南陽府有明季太守某歿於署中，自後其靈不散，每至黎明發點時，必烏紗整帶上堂，南向坐，有吏役叩頭，由能領之，作受拜狀。日光大明，始不復見。雍正間，太守喬公到任，聞其事，笑曰：「此有官癖者也，身雖死，不自知其死故耳，我當有以曉之。」乃未黎明，即朝衣冠，先上堂南向坐。至發點時，烏紗者遠遠來，見堂上已有人佔坐，不覺趑趄不前，長吁一聲而逝。自此怪絕。

——清、袁枚《新齊諧》

好好解釋

南陽府 故治在今河南省南陽縣，元置，明、清因之。

明季 為明朝末年。

太守 即知府。

發點 官署吏役開始凌晨點名，俗稱點卯者。

南向坐 面向南而坐。因古時人君聽治之位居北，其面向南；故在此指官模官樣的架勢。

頷之 頷首，點頭也。

雍正間 時在公元一七二二年至一七三五年。

朝衣冠 穿戴好朝衣冠帽。

趑趄 進退猶豫不定狀。

教你看懂

相傳在南陽府，明朝末年有個太守死在該府的官署中，自此之後他的靈魂始終不散，每到凌晨開始要點卯時，他一定會穿戴好官服官帽上堂，面向南方坐定，若有堂下的官吏或衙役朝他磕頭的話，他也會頷首示意，表現出一副接受參拜的模樣。等到天色大明後，鬼魂才會不見。到了雍正年間，喬太守來南陽府上任，聽說了這件事之後，他笑道：「這是個有官癖的人，他的身體雖然死了，但魂魄卻還不自知，因此才會這樣，我會有辦法讓他明白的。」於是便在某天尚未黎明時，喬太守就穿戴好了朝服官帽，先行上堂朝南而坐。等到要點卯時，那個頭戴烏紗帽的鬼魂便遠遠走來了，由於看到堂上的位子已被人佔了，鬼魂便猶豫不前，長嘆一聲後便消逝了。自從那天之後，這樣的怪事就再也沒有出現過。

你要明白

在我們長年累月的生活中，積漸積微，會養成種種不同的習慣，一旦當這些習慣積重難返、固結不破時，那便形成了所謂的「癖」。癖的種類繁多，良莠不一，有的會使人莞然一笑，有的卻讓人膽戰心驚。想做官與好當官，是古今中外絕大多數人的最愛，因而便出現諸如「某人有官癮」或「做官做上了癮」之類的說法。

事實上，未當官前想一嘗當官的滋味，上了台後卻死賴著不走，這大概就是大多數從政者的宿命論。只要去翻翻歷史，看看有多少人會在官場中急流湧退？又有多少人是老死任內？若非萬不得已，誰會輕言辭官？別的不說，試看美國二百多年以來總統的歷史中，有幾位是在首任屆滿之後不再尋求連任的？美國素來提倡並強調人權及民權，但從政者的心目中仍以官權或政權更為重要，美國尚且如此，遑論其餘。

當然，一個國家總得要有人來治理，當官吏原本也不是壞事，而且要做一個好官，更絕非一件容易的事，古來所講求的種種「官職」與「官箴」，就是對為官者所提出來的一些基本規範。問題是身歷其事者，謹守官操者少，而以官謀私者多，在遍嚐了謀私的甜頭後對官位依戀不捨，於是對做官也就上癮了，若是在結戀至極，終成官癖，就像是故事中的那個太守，死且不休，這實在值得從政者警惕。

李叔範讓產／共為楷模

李叔範初讀書，及兄叔則，補諸生有名，叔範遂讓長兄，使專至經史，而身任經營內外。已承父命使分產，叔範意逡巡，不忍答，輒曰：「有兄長在，凡田宅俱請受其下者。」叔則亦曰：「吾家一區一廛，並吾弟所益，吾當受其下者。」兄弟交讓不置，里中聞者競嗟嘆，至以名乎曰：「李氏兄可為模，弟可為楷。」一時傳為嘉言。

——清、王日卓《今世說》

好好解釋

李叔範 清代鄞縣人，名士模，叔範為其字。

叔則 叔範之兄，名士楷。

補諸生 諸生，謂生員，即俗稱之秀才；按秀才每人月給廩米或銀錢，故又稱廩膳生員，後因生員名額增多，增多者稱增廣生員，但無廩米；然歲、科兩試優秀者，可依成績次第升廩膳生員，稱為補廩，或補諸生。

已 既而、嗣後的意思。

逡巡 遲疑不前的樣子。

一區一廛 一區，一小塊地方；一廛，古時一人所居的地方，計二畝半。

教你看懂

李叔範先前讀書時，學業很快就趕上了他的哥哥李叔則，所以列名為補諸生，但他為了能使大哥專心攻讀經史，就把這機會讓給叔則，而自己則去管理家中的裡外雜事。嗣後父親要他們分家產，叔範遲疑地不忍心答應，最後只好說：「有大哥在，田產與房屋中的那些次等的，就留給我吧。」聽到弟弟如此講，叔則也提出來說：「現在我家的一磚一瓦，都是弟弟平常所經營來的，理當將那些次等的家產分給我。」倆兄弟就一直這樣交互推讓，鄉里鄰居聽到這件事，都競相感嘆，以至於直呼他倆的名字讚說：「李家的哥哥士楷可以為模，弟弟士模可以為楷。」一時被傳為美談。

你要明白

沒有資料可以統計出，人類自有信史以來，種種大小嘉獎的項目及受獎人的總數。上自學術桂冠的諾貝爾獎，下至國民教育中的班級優秀生，數目之多，難免會使人聯想到，這個世界的每時每刻，都有頒獎與受獎的事情正在進行之中。

世人也都知道，無論是何種獎勵，最重要且屬唯一的共同點，便是要從眾多的人數中，挑選出極少數的傑出者或頂尖者，以作為大家的楷模。一個人能成為楷模，除了是他個人的成就獲得肯定外，也往往令其全家甚至舉國民眾，皆與有榮焉。

社會之對人才的獎勵，其宗旨顯然是希望他成為大眾見賢思齊的對象，從而努力效法，以達到社會更進一步的目的。當然，任何的獎勵或許都會有遺珠之憾，甚至有些好人好事根本就沒有受到公開表揚，但畢竟世道自在人心，大眾輿論往往就彌補了此一不足，本故事所描述的，正說明了這項事實。

從故事的本身，我們看到的是兄友弟恭與交互謙讓，一片溫馨之情，躍然紙上，處身當下的我們，讀後尤多感嘆，現代社會中頻頻出現的是「家變」，不是「兄弟鬩牆」就是「爭產殺人」的類似案件，令人心頭有難以承受之重，「讓產」與「爭產」之間，一字之別，落差如此之大。

而故事裡暗藏著文字上的巧妙處理——兄名士「楷」，而謂可「模」；弟名士「模」，而謂可「楷」——仔細推敲之下，我們可知其間有深意存在：「名」為楷而「實」為模，「名」為模而「實」為楷；換言之，兩兄弟都是真正的「人如其名」與「名實相副」。

第五課

善良溫厚是種選擇

寵辱不驚／非凡人物

盧承慶為吏部尚書，總章初，校內外官考，有一官督運，遭風失米，承慶為之考曰：「監運損糧，考中下。」其人容止自若，無一言而退。承慶重其雅量，改注曰：「非力所及，考中中。」既無喜容，亦無愧詞。又改曰：「寵辱不驚，考中上。」眾推承慶之弘恕。

——唐、劉肅《大唐新語》

好好解釋

盧承慶 唐代人，字子餘，博學有才辯，官至刑部尚書等職。

吏部尚書 我國唐代時，將中央機構分為吏、戶、禮、兵、刑、工這六部；其中吏部執掌官吏之任免、銓敘、考核與升降等政務，主管之長官即為吏部尚書，相當於現在的部長。

總章 唐高宗李治的年號。
督運 負責監督運送。

容止 言行舉止與儀容等的外在表現。
弘恕 寬弘忠恕之謂。

教你看懂

盧承慶是吏部尚書，在唐高宗總章初年，負責朝廷各內、外官吏的稽查考核工作。這時有一位官吏負責督運政府物資，因途中遭遇大風浪，以致損失了若干食米，於是盧承慶在為他作考評時，就批示說：「監運損糧，考等中下。」這位官吏表現得泰然自若，沒有講任何話而告退，盧承慶覺得此人的雅量，頗值敬重，隨後便將其考績改注曰：「失量乃非力所及，考等中中。」誰知這位官吏知道此事之後，仍一如上次那樣沈潛，既無歡容形諸於色，亦無歉詞出諸於口。盧承慶對此尤為欣賞，最後便在將其考績改為：「寵辱不驚，考等中上。」這樣一來，盧承慶那寬弘忠恕的氣度，也獲得眾人的一致推重。

你要明白

有一句大家都很熟悉的話，在日常生活中常會被使用到，那就是「受寵若驚」這四個字。當我們受到別人的尊重、禮遇或善待時，若用這句話應對則既表達了感謝之意，也顯示出謙虛之情，縱使此話並非全然由衷，但對增進彼此的友誼，卻常常具有實質上的效果。

然而一旦當別人厚待我們到出乎意料之外時，感激之餘，便往往會變得手足無措成為真正的受寵若驚；反之，若受到別人的刻意刁難乃至侮辱時，則同樣也會形諸聲色而表現出來；就一個普通人來說這原本屬於常情。

但若是換成一個「不同凡響」的人物，他卻能做到「寵辱不驚」，這需要有高深的涵養與超凡的氣度，自非一般人所能企及。像我們故事中的那位官員，便是這麼一個人物，難怪他的考績評定在有識者的眼光下，其等級由「中下」而「中中」最後變成了「中上」。

一個人的修養要達到了「寵」、「辱」都毫不在乎的程度，那是極端困難的事。要想向這種修養境界邁進，首要學會的事便是要能忍耐。這是因為「人生不如意者十常八九」，生活本身，便是一場永無休止的挑戰，凡是率性而為甚至魯莽滅裂，安能成就事功？試想漢初三傑中的韓信，惟其能忍受當時的胯下之辱，方才有後來的拜相封侯之榮，若是他當時因一怒之下，拔劍把那個無賴殺了，歷史上便沒有他這號人物的存在了。又如漢初三傑中的另一個人張良，蘇東坡在為其所撰寫的「留侯論」中，全篇就是環繞在這個「忍」字上展開議論，所謂「天下有大勇者，卒然臨之而不驚，無故加之而不怒，此其所挾持者甚大，而其志甚遠也」，正就是在說明勇者之忍，是因其志業高遠，而絕非懦弱怕事。

有了「忍耐」的功夫，再加上「淡泊」的胸懷，便能真正做到「寵辱不驚」這四個字。蓋邀寵者，各有所求，只要抱持著諸葛亮「淡泊以明志」的信念，不斷的使自己的品格昇華，一旦到達范仲淹所說的「不以物喜，不以己悲」的地步，則外間之得失與我何關？再像是《論語，公冶長》篇中所引述的話說：「令尹子文，三任令尹無喜色；三已之，無慍色。」其所以無喜怒形諸色者，蓋榮辱未嘗縈於懷也。誠如前文所說，修養要達到這種境界，豈是常人所能為。

昌化章氏／孝友睦親乃齊家之道

昌化章氏，昆弟二人，皆未有子。其兄先抱育族人一子，未幾，其妻得子。其弟言：「兄既有子，盍以所抱子與我？」兄告其妻，妻猶在蓐，曰：「不然。未有子而抱之，甫得子而棄之，人其謂我何？且新生那可保也。」弟請不已，嫂曰：「不得已，寧以吾所生與之。」弟初不敢當，嫂卒與之。

已而，二子皆成立，長曰栩，字景韓；季曰詡，字景虞。栩之子樵、槱，詡之孫鑄、鑑，皆相繼登第，遂為名族。孝友睦婣之報如此！婦人有識，尤可尚也。

——宋、周密《齊東野語》

好好解釋

昌化 宋時縣名，屬浙江杭州府。

未幾 沒多久。

盍 何不。

在蓐 婦女生產。

甫 剛剛。

請不已 不停地要求。

已而 後來。

季 幼者。

登第 古時應考中式曰登第，這裡指考中功名。

婣 同姻。

教你看懂

宋朝昌化縣有戶章性人家，兄弟兩人都沒有兒子。做哥哥的便先抱養族人的一子，沒多久，其妻又生了個男孩，於是做弟弟的馬上對哥哥說：「你既然有了骨肉。何不把先前抱養的男孩給我？」這位哥哥將此事告知了他尚在坐月子的妻子後，他的妻子不肯答應，並且說道：「話可不是這樣說，試想我們沒有兒子時，就抱養別人的，自己剛生了一個，就把抱養來的拋棄掉，旁人將會怎樣議論我們？況且，新生兒就一定能養得大嗎？」然而做弟弟的卻再三要求，他嫂嫂只好說：「你若一定要堅持，我寧可將自己所生的孩子給你。」一開始時弟弟不敢接受，但嫂嫂終於還是將孩子給了他。

後來這兩個男孩都長大成人：大的叫名翃，字景韓；小的名叫章詡，字景虞。翃的兒子章樵與章櫄，詡的孫子章鑄與章鑑，這幾位隨後皆相繼有了功名，使得這章姓人家成了名門望族。可見得孝友睦親的果報，果然如此！而一個婦道人能有這樣的見識，尤其是值得推崇與發揚。

你要明白

本則故事的要點有二：其一再次強調孝友睦親的齊家之道，再則是表彰那位嫂嫂的仁慈友愛與深明義理。故事的情節從「昆弟二人，皆未有子」這八個字拉開序幕，而根據另八個字「不孝有三，無後為大」的邏輯思維，展開了其發展脈絡，全篇的宗旨是在勸化世人，唯有善施與友愛，才能使得家庭興旺與家門昌盛。

其中最值得稱道的，是那位嫂嫂對「義理」的執著與堅持。俗語說得好：「孩子是母親身上的一塊肉」，但從內文中「不得已，寧以吾所生與之。」這兩句話，我們不難想見這位賢婦人，在當時做出決斷時，具備了何等高貴的情操！她豈會不更加疼愛自己的親骨肉？然而她為了弟弟的傳宗接代問題而必須作一選擇時，毅然割捨了血親而保有情義，試問普天之下，幾人能夠做到如此深明大義？無怪乎該文作者在最後，對她作了看似平淡實則崇高的八個字評價——「婦人有識，尤可尚也。」

根據媒體報導，在我們的社會中，的確有不少天真活潑的小孩子，他們的童年根本毫無幸福可言，由於家庭環境所致，使這些不會向社會指控的幼苗，經常淪為不正常大人們抒發暴力下的犧牲者。試想想，這些從暴戾陰影中長大的小孩，能期望他們以後會擁有一顆善良的心靈與正常的人格嗎？若依此惡性循環下去，則我們的社會，將不知會演變至何等地步。

作為人性的悲哀之一，就在於大家都「太過自私」以及「不能推愛及人」。看看我們社會上經常出現的兒童受虐事件，再想想「昌化章民」故事中的那位大嫂，怎麼不讓人有太多的感喟！難道說物質文明的發展就必須要伴隨著道德文明的式微嗎？科技的昌盛與社會的進步，絕對不能以人性的貪暴與心靈的冷漠作為代價。

物破自有時／以人為本

韓魏公知北都，有中外親獻玉盞一隻，云耕者入塚而得，表裡無纖瑕可指，蓋絕寶也！公以百金答之，尤為寶愛。乃開醼，召漕使顯官，特設一桌，覆以恧衣，致玉盞其上，且將用之酌酒，遍勸坐客。俄為吏將誤觸臺倒，玉盞俱碎，坐客皆愕然，吏將伏地待罪。公神色不動，笑謂坐客曰：「物破亦自有時。」謂吏將曰：「汝誤也，非故也，何罪之有？」公之量，寬大厚重如此。

——宋、彭乘《墨客揮犀》

好好解釋

韓魏公 韓琦，字稚圭，北宋名臣，官至宰相，封魏國公。

北都 唐以太原為北都，宋因之；即今山西省太原縣。

中外親 中表親。

醼 一作宴，合飲也；開醼猶言開設宴席。

漕使 宋時主管水運糧稅之官員。

吏將 這裡指差役中的統領，猶今之所謂領班。

教你看懂

韓琦在擔任北都的知州期間，他的中表親曾獻給他一隻玉盞，說是由農人從墳墓中挖到的，那玉盞的內外，找不出絲毫瑕疵，真是絕世之寶，為此他答謝了表親一百兩銀子，也就格外珍愛這隻玉盞。

有一次他在家中擺宴，請來了負責漕運的大官們，並特別設置了一桌，上面鋪蓋著錦緞，將那玉盞放在桌子上，準備用來為座上的嘉賓酌酒。誰知在忽然間，一個差役領班不小心碰倒了桌子，玉盞被摔碎了，在座的來賓無不驚愕，那領班也趕忙趴在地上等候發落。

這時韓琦不動神色地，先笑著對座上的客人說：「東西也總會有破的時候。」隨即再對那領班說：「你是因為不小心才打破玉盞，又不是故意的，這有什麼罪呢？」韓琦的度量，就是如此般的寬大厚重啊。

你要明白

歷來奇珍異物，必然受人喜愛，何況是象徵吉祥的玉器。人們因具備感情，故生活中就有所寄託，隨著個人的興趣不同，寄情之對象從而各異，有人醉心古董，有人酷愛字畫，有人好集郵票乃至火柴盒之類者，名目種種雖各自不同，但得其歡心者卻無二致。

一旦有了心愛的珍品，人們必然善加收藏，甚至絕少會展示在人前，久而久之，伴隨著年代的更迭，便成了傳家之寶，到了這種地步，別人就算出再高的價錢，也休想能將此物買去，今天假設寶物萬一失竊或損毀，又怎不令人心痛難忍而捶胸跳腳呢？

故事中的韓琦，不愧是北宋名臣，他雖然是十分珍愛那把玉盞，但他畢竟將其視為物品，而與人相較，他毋寧更想善待後者。所謂「人者，仁也」，足見他一片仁慈之心，方能以人為本，而說出「物破亦自有時」這樣的話。至於在事故猝發之際所展現的雍容大度，就越發襯托出他那高尚的人格。

於令儀／得饒人處且饒人

曹州於令儀者，市井人也；長厚不忤物，晚年家頗豐富。一夕，盜入其家，諸子擒之，乃鄰舍子也。令儀曰：「爾素寡過，何苦而為盜耶？」曰：「迫於貧耳。」問其所欲，曰：「得十千，足以資衣食。」如其欲與之。既去，復呼之，盜大懼，語之曰：「爾貧甚，負十千以歸，恐為邏者所詰。」留之，至明使去。盜大感愧，卒為良民。鄉里稱君為善士。君擇子姪之秀者，起學室，延名儒以掖之，子伋，姪傑、傚，繼登進士第，今為曹南令族。

——宋、李元綱《厚德錄》

好好解釋

曹州 宋代州名，位今山東省境內。

於令儀 人名，事不詳；於作姓時，音烏。

長厚不忤物 寬厚而不得罪人。

寡過 少有過錯。

學室 猶言學堂。

令族 有名望的家族。

教你看懂

曹州人於令儀，是個市場中的小攤販業者；他為人寬厚，很少得罪別人，晚年時的家道頗為富足。有一天晚上，一名小偷侵入他家中行竊，結果被他的幾個兒子逮住了，發現原來是鄰居家的小孩。

於令儀問他說：「你平常很少犯過錯，何苦今天要做賊呢？」小偷回答說：「因受貧困所迫的緣故。」於令儀再問他想要什麼東西，小偷說：

「能得到十千錢，便足令衣食無憂了。」於令儀聽後就如數給了他。正在那小偷要出門離去時，於令儀又叫住他，這使得那小偷大為恐懼，但於令儀對他說：「你如此的貧困，晚上帶著十千錢回去，恐怕會引起巡邏人員的盤查。」於是將小偷留了下來，天亮之後才讓他離去。

那小偷深感慚愧，後來終於成了良民。鄉里的人們，都稱道於令儀是個善士。於令儀挑選出一些優秀的子姪輩，建立學堂並聘請有名的儒士來教導他們，他的兒子於伋，姪兒於傑與於傚，後來都相繼考中了進士，他們於家現在是曹南一帶的名門望族。

你要明白

明代的短篇小說集《醒世恆言》內，有謂「得放手時須放手」；清朝的長篇巨著《紅樓夢》中，則說「得饒人處且饒人」。前者多指處事，後者當然是指待人；合二者以觀之，乃形成了一種謙讓與寬恕的處世精神，這是飽嘗閱歷的經驗積累，也是我們有以期待的學習目標。

說起偷竊這碼子事，確稱得上是項「歷久不衰」的行業，而且寰宇皆然、無處不在。尤其是在科技日益發展的當今，縝密地策劃加上精良的工具，才使盜竊輩賊道橫行，大發其黑心財。

就個人感受而言，無論是遭逢扒手或不幸碰上大搬家，那都是令人大為懊惱的事，財物的損失固然使你的辛勞代價為之縮水，而某些對你具特殊意義的紀念物品類，一旦失竊卻被小偷當作廢物拋棄，便更加令人覺得恨意難消。正是基於這些原因，人們在好不容易逮到盜賊的機會下，多是拳腳相加、合力圍毆，法律上的處置暫且擱著，先得痛打一頓出口氣。

然而故事中的於令儀，由於他生性寬厚溫暖，在詢明了小偷的行竊原因之後，非但沒有暴力相向，反而救其於急難之中，最後讓這名小偷改邪歸正，鄉里稱善。尤其難得的是，他能處處為人設想，甚至耽心到小偷回家的途中會遇上麻煩，如此這般的感化教育，那小偷又怎能不改過向善呢？

呵辱自隱／至善修為

李翰林宗諤，其父文正公昉，秉政時避嫌遠勢，出入僕馬，與寒士無辨。一日，中路逢文正公，前趨不知其為公子也，劇呵辱之。是後每見斯人，必自隱蔽，恐其知而自愧。

——元、吳亮《忍經》

好好解釋

翰林 在此為翰林學士，皇帝的文書侍從官員。

李昉 字明遠，宋朝饒陽人，三入翰林，宋太宗時拜平章事，曾奉敕撰《太平御覽》、《太平廣記》、《文苑英華等書》，卒謚文正。

寒士 清貧的士人。

前趨 猶謂前導人員也，如馬夫或侍從人員等。

斯人 這個人。

教你看懂

李翰林宗諤這個人，在他父親文正公李昉掌政時，為了避嫌而刻意遠離權勢，由於他那時尚未中翰林，故平時的日常生活，與一般的窮書生沒有什麼兩樣。有一天，在路途中碰見了他父親的車馬，負責前導的侍衛人員，因為不知他就是文正公的兒子，竟然粗魯對他呵斥辱罵。這件事發生之後，李宗諤每次遠遠看到該名侍衛時，一定自行躲避起來，以免讓該侍衛知道真相之後而感到內疚。

你要明白

無端受人侮辱，那顯然是一件及不愉快的事，而為常人所不能忍。從生活經驗中，我們大可體會到，這種無法忍受，乃是根源於心理上的自尊受損，因而自發性地便會在情緒中有所反應。

問題是，當一個人受非理性與不公平的對待，於難以忍受之餘，其隨之而起的反應方式又會如何呢？也許答案有太多種，賢不肖各異其趣，但筆者可以斷言，像本故事中的李宗諤，其所作為，可說是「止於至善」，無復加矣！身為平章事（相當於宰相）的貴公子，未達時深知避嫌遠勢，已屬難能；處身於豪門相府而寒素自奉，尤其可貴。但更令人敬佩與傾服的，是他面對那種「大水沖倒龍王廟」式的無端之辱，非但在事發之際能強自忍受而未加反擊，而且更在事發之後處處為他人設想，不欲使其難堪，可謂身習儒業而已具佛心者矣。

劉南垣開喻門生／饑易食，飽無味

國朝尚書劉南垣公，請老家居。有直指使者，以飲食苛求屬吏，郡縣患之。公曰：「此吾門生，當開諭之。」俟其來，款之，曰：「老夫欲設席，恐妨公務，特留此一飯。但老妻他往，無人治具，家常飯能對食乎？」直指以師命，不敢辭。自朝過午，飯尚未出，直指饑甚，比食至，唯脫粟飯，豆腐一器而已，各食三碗，直指覺過飽。少頃，佳肴美醞，羅列盈前，不能下箸，公強之，對曰：「已飽甚，不能也。」公笑曰：「可見飲饌原無精粗，饑時易為食，飽時難為味，時使然耳。」直指喻其訓，後不敢以盤飧責人。

——明、鄭瑄《昨非庵日纂》

好好解釋

國朝 在此指明朝。

劉南垣 人名，事不詳。

直指使者 官名，漢置，亦稱直指；出討奸猾，治大獄，以侍御史為之，衣以繡，故又稱繡衣直指。

脫粟飯 即糙米飯。

美醞 醞，釀也；美醞即美酒。

飲饌 指酒肴。

盤飧 盤中之食物，亦稱盤餐；在此引申為飲食。

教你看懂

明朝的尚書劉南垣，告老後回到原籍居住。有一次朝廷的直指使者來到地方上辦事，由於這人素以飲食招待來苛求部屬，所以當地郡縣的官吏都頭痛不已。知道了這件事，劉南垣便說：「他是我的學生，讓我來開導他。」等到直指使者來拜望老師時，劉南垣在家接待了他，並說：「我本想為你設宴，但恐有妨公務，只好留你吃餐飯。不過我太太正巧不在家，無人替我好好打理，你我就吃餐家常便飯，這樣可以嗎？」因為老師這麼說，直指不敢推辭，誰知從早過午，一直不見飯菜出來，讓他餓得很難受。等到吃食端上來時，只有糙米飯與一盤豆腐而已，兩人各吃了三碗，直指覺得過飽。

未料才吃飽後不久，有人送進不少的佳肴美酒，眼看著這些美味擺在餐桌上，直指卻無法下筷子，劉南垣想勉強他吃，他回答說：「實在已吃得太飽，再也沒辦法吃了。」於是劉南垣就笑著說：「可見飲食原本就不需太挑剔精粗，餓時吃什麼都好，飽時再好的東西都沒有味口，這都是時機的問題罷了。」聽到老師這麼講，直指明白了這是在開導他，從此之後，這位直指就再也不敢因飲食問題而苛責別人了。

你要明白

《三字經》中有所謂：「養不教，父之過；教不嚴，師之惰。」由是「嚴師」一詞，成為傳道授業者的一種標幟；即使時至今日，大多數家長仍然希望，其子女能在管教嚴謹的學習環境中成長，以期將來成為一個有用的人才。

但人畢竟是有感受且愛顏面的，當面的嚴斥與苛責，縱使是父母對子女或是老師對學生，身受者難免會產生反抗心理，因而往往導致負面效果，可見如何因勢利導與說之以理而達到教育之目的，顯然是需要講究方法的。所謂「勸化」者，字面上雖說是一個詞語，但就本質而言，大可將其一分為二——「勸」是教育的方法或手段；「化」才是教育的目的與效益。

本故事中的劉南垣雖貴為尚書，且面對的是自己的門生，但在規勸對方的缺點時，所用的方法卻相當委婉，毫無依老賣老之態或盛氣凌人之勢，而是讓當事人從親身體驗中去覺悟道理，這無疑是一項成功的教育事證，也為後人提供了寶貴的參考。至於由他口中所說出的「饑時易為食，飽時難為味」，非但揭示了飲食的真諦，又何嘗不可視為一句名言呢？

張齊賢家宴／激濁揚清

張齊賢家宴，一奴竊銀器數事於懷，齊賢自窗下熟視不問。後齊賢為相，門下皆得班行，而此奴竟不沾祿。因乘間泣請曰：「某事相公最久，乃獨相遺，何也？」齊賢憫然曰：「爾憶盜我銀器時乎？我懷三十年不以告人，雖爾亦不知也。吾為相宜激濁揚清，敢以盜荐？念事吾久，與錢三百千，汝去別擇所安，蓋既發汝平日，汝宜自愧而不可留也。」奴震駭，拜泣而去。

——明、鄭瑄《昨非庵日纂》

好好解釋

張齊賢 字師亮，山東曹州人，歷官兵部尚書等職，生前兩度為相，卒諡文定。

數事 猶言數件。

熟視 看得很清楚。

班行 謂按次陞遷、獎勵。

乘間 找著個空檔機會。

激濁揚清 貶惡揚善。

教你看懂

在一次早年的家宴中，張齊賢從窗戶下清清楚楚地看到，有個奴僕偷竊了幾件銀器，但他當時並沒有拆穿這件事。後來張齊賢被朝廷封為宰相，家中的使喚人員於是都得以按次陞遷、獎賞，而那個奴僕卻沒有收到任何好處，因此他找到個空檔，乘機詢問說：「我侍奉您的時間最久，但這次獎勵中唯獨遺漏了我，這是為什麼呢？」張齊賢聽了，便用同情的口吻回答他說：「你是否還記得偷我銀器的那件事？我把它埋藏在心中三十年而從未告訴過別人，縱然是你自己也不知道。我身為宰相，理該貶惡揚善，又怎能獎勵你的偷竊行為呢？念在你侍奉我的時間很久，我打算給你一些錢，你還是另外找安身之地吧，這是因為你的劣舉既已揭穿，想必你也會自覺羞愧而無法再留在我家了。」那奴僕又驚又怕，最後叩頭流淚而去。

你要明白

大凡富貴人家的傭工，最為主人所厭惡的，就是手腳不乾淨，雙方雖非親屬，但畢竟共同生活在一間屋檐下，所謂家賊難防，其所造成的困擾與不快，概可想見。而無論古今中外，凡是偷竊，均為人所詬病，且屬犯罪行為，尤其是竊取主人的貴重物品，自然更不在話下。

故事中的張齊賢，貴為當朝宰相，明知一個下人曾偷竊自家的財物，卻能隱忍不發三十年，這是何等的雅量！由其情節可以推知，若非偷竊者自行將事態逼至死角，則隱忍仍將持續，而一旦事情攤牌後，從其「吾為相宜激濁揚清」一語，又可見他並非一個是非不分與姑息養奸的人。

至於打發那奴僕離開相府之前，還肯給與金錢並關心其後路，益能襯托他的宅心慈厚與為人的溫馨，難怪那奴僕在震駭與感激之餘，拜而泣之，足證張齊賢的做人成功之處，絕非偶然。

忍詈／和為貴，忍為高

曹憲副時中，華亭人。有悍生，修其先世怨，以堊書公名於牛後，向其僮加鞭，因極口肆詈，欲以激公怒。僮歸以告，徐曰：「人詈我而若述之，是重詈我也。速往謝，無勞齒頰。」一生不能難，於是修尺一，若為候者，而中實痛詆，令人直入，踞上之。公不發，曰：「休矣，待吾僮來。」既而從者至，命火燔之，曰：「知若主於我無好言也。」一生愧而止。年九十卒，卒時有紫雲自天降而繞尸，人以為仙去。

——明、朱國禎《湧幢小品》

好好解釋

曹時人 明朝松江府華亭縣人，名節，以字行，成化進士，歷官刑部主事、雲南僉事與浙江副使等職；為人端謹和易，屏絕苞苴，威令大行。

修怨 為宿怨、舊仇而報復。

堊 白粉。

牛後 指牛出糞處，喻在下而賤者；此處謂牛屁股。

肆詈 大罵。

齒頰 牙齒與思頁頰，此處借喻為囉唆。

尺一 書信的代名詞。

跽 跪下。

燔 同焚。

教你看懂

曹時中是松江華亭人，擔任浙江副使，當地有一名兇悍的年青人，為了他們祖先們之間的宿怨，常思報復。有一次用白粉將曹時中的名字寫在牛屁股上，並對曹時中的家僮加以鞭打，還破口謾罵，想藉此激怒曹時中。

家僮回去告訴他，他卻慢條斯理地說：「人家罵我而你復述，等於是再罵我一次，你趕快去道歉，不必再囉唆了。」這麼一來，顯然沒讓曹時中難堪，那名年青人於是寫了封信，看似要問候曹時中，其實信裡是惡毒的痛罵，派人直接送入曹家，並跪著將這封信呈上來，曹時中不去拆信，對來人說：「休想著要我看信，等我家僮來再說。」過一會家僮來了，曹時中就要他把信燒掉，並對來人說：「我知道你的主人對我不會有好話的。」這使得那年青人很慚愧，終於停止了鬧事的行為。

曹時中活到九十歲才逝世，死時有紫雲自天而降，圍繞身體多時，人們都認為他成仙去了。

你要明白

諺之有謂：「人爭一口氣，佛爭一爐香。」佛是否會爭香，世人不得而知，但人為了爭一口氣的事例，卻隨處可見。只不過「爭一口氣」有兩種情形，一種是理性的，發憤自強的；另一種則是非理性的，易與人結怨的。

說得更清楚些，上述的後者，與其說是「爭氣」，毋寧說是「不能忍氣」，常見人與人之間，原本只是對事物的看法有別，然相持一久，爭執遂起，若某方言詞間稍不留意，則對方在肝火正旺之際，事情往往無法控制。故事中的曹時中，因深明「和為貴，忍為高」的道理，所以才能平其心而忍其氣，結果使對方自行愧止，進而將先人間的宿怨化解於無形，反之若是以牙還牙，務必出口冤氣而後快，則勢必成為怨怨相報、惡性循環不已。

好好先生／絕非是個爛好人

後漢司馬徽不談人短，與人語，美惡皆言好。有人問徽：「安否？」答曰：「好。」有人自陳子死，答曰：「大好。」妻責之曰：「人以君有德，故此相告，何聞人子死，反亦言好？」徽曰：「如卿之言，亦大好！」今人稱「好好先生」，本此。

——明、馮夢龍《古今譚概》

好好解釋

司馬徽 漢末潁川（今屬河南）人，字德操，清雅善知人，人稱「水鏡」；嘗荐諸葛亮及龐統於劉備；長居荊州，後劉琮以荊州降曹操，徽遂為曹操得之，欲重用，會病卒。

教你看懂

東漢末年的司馬徽，平常從來不談論別人的短處，凡事幾乎都是說「好」。曾有人問起他「最近還安康嗎？」他只簡單地回答一個字：「好。」又有一次，某人告訴他有關自己兒子的死訊，他聽了竟說：「很好。」見到先生如此，他太太就責備他說：「人家是認為你有德行而出於尊重，才把兒子的死訊告訴你，那有聽說別人死了兒子，反而對他說很好的道理呢？」聽完妻子的話，他回應說：「像您剛才的話，也很好！」如今世人所稱的「好好先生」一語，其出處就來自於此。

你要明白

與人為善，這是我們處世的通則；沒有人願意到處樹敵結怨，否則到頭來的後果，就是你自己處處碰壁受挫。有兩句頗堪玩味的話，乍看是在玩文字遊戲，實際上的內涵，差距卻很大，那就是「不是敵人，便是朋友」與「不是朋友，便是敵人」。字面上，一眼就可看出，那只不過是兩個名詞相互換了位置，但因「朋友」與「敵人」在概念上相反，故落實到我們現實生活中，其處事之態度與方法，從而影響到個人的利益成敗，自然也就有了差異。

很顯然的是，「不是朋友，便是敵人」將為我們帶來人生旅途上更多的障礙與荊棘，而「不是敵人，便是朋友」，究其實就是與人為善。年歲稍長與涉世略深的人，多能體會不輕易得罪人的重要性，因而在他們的待人風格上，處處都可窺視到那種著意迎合對方的痕跡，滿臉笑容之餘，出其口中者，全是些讓人聽了覺得非常舒服的褒義詞，這就相當近似於我們故事中的那位好好先生。

不過，我們為人處世，畢竟是要有原則的，若只知一味地討好別人而犧牲自己該有的立場，則往往事與願違，到時反而是未蒙其利反受其害了。至少，我們必須知道，好好先生絕非是個爛好人，這尤其是在涉及到大是大非的問題時，鄉愿式的隨波逐流、與世浮沈，非但有愧於個人良知，甚至還會留下歷史罵名；在與人為善的基本前提下，面對事物的善惡是非，我們當如何加以辨別與選擇，那就端賴於自己的智慧了。

呂蒙正雅量／人性中的貪瞋癡

呂文穆公蒙正，不記人過。初參政事，入朝堂，有朝士於廉內指之曰：「此子亦參政耶？」文穆佯為不聞而過。同列令詰其官位姓名，文穆遽止之。朝罷，同列猶不能平，悔不窮問。文穆曰：「若一知其姓名，則終身不能復忘，固不如弗知也。」時人服其量。

——清、潘永因《宋稗類鈔》

好好解釋

呂蒙正 北宋河南人，字聖功；以進士而成名臣，凡三入相位，卒謚文穆。

朝堂 帝王議政之所在。

朝士 指官吏之在朝者。

此子 這個人（有輕蔑意）。

同列 猶如同僚。

教你看懂

文穆公呂蒙正，不會去記別人的過錯。在他剛開始參與政務時，某次進入朝堂，聽到有個同朝官吏在簾內指指點點地說他：「這個小子也能參政嗎？」呂蒙正假裝沒聽見地走過去，他的同僚想要找人去詰問發話者的官階與姓名，但呂蒙正立即制止了這種做法。散朝之後，他的同僚還在為他憤慨不平，後悔當時沒有追問到底；而呂蒙正卻說：「倘若一旦知道了那個人是誰，就會耿耿於懷，恐怕終身都會記得這件事，所以還是不如不知道的好。」當時的人們，都對呂蒙正這種雅量大為佩服。

你要明白

作為芸芸眾生中的普通人，決定其一生成敗的因素，來自於先天與外在者，大抵遠小於其後天的努力與否。倘若一個人能在其一生中，持續地發憤圖強，真正做到「日新又新」，則先天的缺陷，終將消除，而外在的困難，也必定能化解。基於此，所以我們常聽到的「成敗操之在我」、「個人最大的敵人就是他自己」與「不斷地超越自我」這些類似的話語，正可以用來說明與強化我們前面的觀點。

然而，就因為是一個普通人，自然也就在我們的日常生活中，無法完全摒棄世俗人性中的「貪、瞋、癡」；試問學佛者何所事？無非是「勤修『戒』『定』『慧』，『貪』『瞋』『癡』。」但問題是，終生以佛學為信仰的教徒們，尚且無法保證個個都能臻此化境，更遑論我們一般的世俗大眾了；否則，自以為入了佛門或飽讀了一些佛學書籍，就能成佛的話，那世間豈不遍地都是活菩薩？

回到故事的主題，我們看到呂蒙正是如何在「瞋」與「癡」這兩個方面下功夫。對朝堂上公然的刺耳謗言，他可以不帶瞋意地佯為不聞；對同僚們「思有以報之」的建議，他可以壓抑癡念而斷然制止。顯然，要做到前者，這表現出了呂蒙正個人的修為，所謂「非上上人，無了了心」，而他在心胸中對謗言既能「了了」，也就在人格上證明了他確屬「上上」之選；至於後者，則又顯示出呂蒙正對人性的洞達，他深知要全然地做到滅絕情緒反應，即使是他自己也是不可能的，故最好的方法，就是「不如不知」，這樣一來，則於人無害而於己也坦然了。在此要特別說明的是，呂蒙正的此一觀點，絕非時下莽撞青少年所認為的「鴕鳥」或「怕事」心態，而是一種妥善處理人際關係與自我心裡的高度藝術。

無錫老人／寬厚之德，自當回報

無錫老人，當歲除夕，賊穿壁入其室；老人起而執之，則故人子也。老人絕不聲張，私語之曰：「賢侄何至此哉？汝父與我頗厚，想汝貧破，不得以而為之耳。」贈百錢為度歲計，又贈數百錢為資本。其人愧，不能負居故土，遷之他方，頗有樹立。越數年，買舟訪老人，夜分至門外，見一人縊於門上，呼同舟人抬至舟上，棄之河而返。逾年，乃在訪老人，告以前事。老人曰：「藉君之利多矣，前死者，日間曾與小兒鬧事，為君，則老人此時，恐不及相見矣。」此老人用意，與昔賢待梁上君子者無讓焉，宜有是長厚之報。

——清、朱翊清《埋憂集》

好好解釋

當歲 某年。
故入 老友。
私語 低聲說。
百錢 一百個銅板，清朝俗稱一吊錢。
度幾 這裡指（度）過年（關）。
遷之 遷往。

買舟 僱船。
夜分 時已黑夜。
微 若非。
梁上君子 泛指竊賊，已成常用典故，源出《後漢書，陳寔傳》。
無讓 不輸於。

教你看懂

無錫有位老人，在某年除夕夜裡，發覺有小偷闖入他的內室，於是起身將小偷抓住了，燈下一看，竟然發現是老友的兒子，這時老人一點都沒有聲張，並壓低聲音對小偷說：「賢侄為何要做這種事呢？你父親與我交情不錯，我想你大概是因貧困所逼，才不得已而行竊的吧。」說完話並給他一吊錢以度過年關，另外又送他數吊錢作為做生意的資本。那個年輕人事後非常羞愧，覺得無顏再留在故鄉，於是便遷往別處，慢慢而有所發展與建樹。過了幾年後，年輕人有一次專程僱了船來探視老人，直到天黑後才來到老人的家門外。赫然發現門上竟有個人上吊死了，他趕緊招呼船夫等人將屍體抬到船上，隨後棄屍河中並自行回去了。又過了一年，年輕人再度來拜訪老人，並向老人提起上次的事情。老人聽後說：「多虧了您的幫忙，上次那個死者，因白天曾與我兒子有過過節，所以晚間來這裡尋死，若不是您的話，則老漢我此刻也許與你無法見面了。」試想老人當初待他的用意，與昔賢陳寔對梁上君子的情形，可說是不遑多讓，這種寬厚之德，自應得到報答。

你要明白

簡言之，本故事的主旨，就在於強調原文中的最後四字「長厚之報」。俗語有云：「得饒人處且饒人」，這是在奉勸我們待人宜寬，而非自示其弱；至於是否能得到回報，原本就不應有所計較，然天理人情處處在，待人彌厚，其報彌深，有所差異者，遲與速而已。

惜乎今日社會中，寬厚之風日漸減少，多所見的是「得理不饒人」，甚焉者竟然是「無理也不饒人」。君不聞機車搶匪因所得不多，而遷怒於被搶者的刑事案件？好似被搶者應該自認倒楣、「理」應備妥鉅款等待其下手，試問這是那種「道理」？世風日下，以至如此，則長厚之待，自不應該施諸這種匪徒，而應代之以嚴厲刑罰，方才能矯歪風而安良民；故知人與人乃至人與事，其間之鬆緊嚴寬，永遠是相對的，也永遠是互動的，同時也應為大多數人所認同的。

國家圖書館出版品預行編目（CIP）資料

古老商學院：投資職場大未來 / 許汝紘暨編輯企劃小組編著. -- 初版. -- 臺北市：信實文化行銷, 2018.02
面；　公分. -- (What's knowledge)
ISBN 978-986-96026-3-1(平裝)
1.修身 2.職場成功法
192.1　　　　107001771

高談文化 CULTUSPEAK PUBLISHING CO., LTD 華滋出版 拾筆客 九韵文化 信實文化

更多書籍介紹、活動訊息，請上網搜尋 拾筆客

What's Knowledge
古老商學院：投資職場大未來

作　　者：許汝紘暨編輯企劃小組　編著
封面設計：堯　子
總 編 輯：許汝紘
編　　輯：孫中文
美術編輯：婁華君
總　　監：黃可家
行銷企劃：郭廷溢
發　　行：許麗雪
出　　版：信實文化行銷有限公司
地　　址：台北市松山區南京東路 5 段 64 號 8 樓之 1
電　　話：（02）2749-1282
傳　　真：（02）3393-0564
網　　站：www.cultuspeak.com
讀者信箱：service@cultuspeak.com

印　　刷：上海印刷股份有限公司
總 經 銷：聯合發行股份有限公司
香港總經銷：香港聯合書刊物流有限公司

2018 年 3 月 初版
定價：新台幣 360 元